イチローの哲学

一流選手は何を考え、何をしてきたのか

奥村幸治

PHP文庫

○本表紙図柄＝ロゼッタ・ストーン（大英博物館蔵）
○本表紙デザイン＋紋章＝上田晃郷

プロローグ　二〇一〇年八月、イチローとの久々の再会

◉メジャーのグラウンドで、イチローと再会できる！

二〇一〇年の夏は私にとって、忘れられない夏になりました。

毎年八月、アメリカ・メリーランド州のアバディーンという小さな町で、カル・リプケン十二歳以下世界少年野球大会が開かれています。名前の通り、メジャーリーグを代表する名選手だったカル・リプケン氏が、野球に打ち込む少年たちを応援するために主催している大会です。

その大会に私は、監督として日本代表チームを率いて出場しました。実は私はその前年の大会から監督を務めさせてもらっていたのですが、一年目の結果は決勝戦でメキシコに一対〇で敗《やぶ》れて準優勝。それだけに代表チーム監督二年目となったその年は、絶対に優勝するんだという強い気持ちで臨《のぞ》んでいまし

た。

ただその年の渡米では、大会とは別に楽しみにしていたことがもう一つありました。

それは八月十七日、ボルチモアで行なわれるオリオールズ対マリナーズの試合を観戦することが、日程に組み込まれていたことです。アバディーンで予選リーグのドミニカ戦を終えた後に、約六〇キロ離れたボルチモアに移動し、試合を観ることになっていたのです。

しかも観戦だけではなく、試合前には代表チームの選手たちと一緒にグラウンドに入ることも特別に許可されていました。

オリオールズと対戦するマリナーズには、いうまでもなく、あのイチローがいます。イチローは二〇一二年シーズン途中にヤンキースに移籍しましたが、当時はまだマリナーズでプレーをしていました。きっとグラウンドに入れば、試合に備えて練習をしているイチローに会えるはずです。

「イチローとの久々の再会を、メジャーのグラウンドで果たせるなんて！」

そう考えると、私は胸の高鳴りを抑えることができませんでした。

◉「イチローの恋人」と呼ばれていたころ

一九九三年と九四年の二年間、私はオリックス・ブルーウェーブ（現オリックス・バファローズ）でバッティングピッチャー（打撃投手）を務めていました。

九三年といえば、イチローは高卒でオリックスに入団して二年目。高い打率をマークしていたものの、首脳陣に認められずに二軍暮らしが続いていたころです。

そして九四年のシーズンは、仰木彬《おおぎあきら》さんが監督に就任して、イチローを一軍のレギュラーに抜擢《ばってき》。イチローは一気にブレイクして、シーズン二一〇本という当時の日本最多安打記録を達成しました。

ちょうどそんな時期に、私はイチローと同じチームにいたわけです。

私とイチローは一歳違いです。出会ったのは、私が二十歳でイチローが十九歳のときでした。お互いに独身寮暮らしで、部屋も隣同士。すぐに公私ともに親しくなりました。またイチローが一軍に定着してからは、試合前の打撃練習で常に私がバッティングピッチャーを務めていました。

イチローが二〇〇本安打を達成した日、私は彼にケーキをプレゼントしたのですが、イチローは新聞記者に向けて「ロッカーで奥村さんからもらったケーキが一番うれしかった」というコメントをしてくれました。そんなこともあり、当時私はマスコミから、「イチローの恋人」と呼ばれたのです。

イチローと一緒にいるときに話すことといえば、当然、野球の話が中心でした。そのころからイチローは、はっきりとメジャーへの憧《あこが》れを口にしていました。くわしくはまた後で述べますが、当時からイチローは「これが本当に同世代の若者の考えることなのか⁉」とこちらが驚いてしまうぐらい高い目的意識を持って、日々、野球に取り組んでいました。

イチローと過ごした二年間はとても濃密で、学ぶことが多い二年間でした。

その後のイチローの歩みについては、細かい説明をする必要はないでしょう。

日本のプロ野球で前人未踏の七年連続首位打者を達成した後、二〇〇一年にメジャーリーグのシアトル・マリナーズに入団。いきなりMVPと新人王、首位打者と盗塁王を獲得します。二〇〇四年にはメジャーのシーズン最多安打記録を八十四年ぶりに更新する二六二安打を記録。さらに二〇〇九年にはメジャー史上初となる九年連続二〇〇本安打を記録し、二〇一〇年には、その記録を十年連続に延ばしました。二〇一二年にヤンキースに移籍してからは、レギュラーが確約されない状態が続いていますが、誰もが認めるトップクラスのメジャーリーガーであることに変わりありません。

一方私は、一九九四年にオリックスを退団しました。実は私には「バッティングピッチャーではなく、プロのピッチャーとして試合でマウンドに立ちたい」という夢があり、他球団のテストを受けるために退団したのです。

しかしバッティングピッチャーとして腕を酷使していたこともあり、入団テストのときには私の肘《ひじ》は限界に達していました。結果は不合格。私はプロ野球選手になる夢をあきらめざるを得ませんでした。

その後、私は阪神タイガースと西武ライオンズでバッティングピッチャーを務め、九六年にユニフォームを脱ぎました。

そしてスポーツトレーナーの仕事を始める一方で、九九年に宝塚ボーイズという中学硬式野球チームを設立。おかげさまでチームは常に全国大会出場を狙える強豪チームになっています。三期生には、二〇一三年に二四勝〇敗という驚異的な成績で東北楽天ゴールデンイーグルスを日本一に導き、現在はヤンキースで活躍している田中将大《まさひろ》もいました。

私が世界少年野球大会の日本代表チームの監督を務めることになったのも、そんなふうに少年野球の世界に携わってきた縁からです。

◉少年野球の日本代表監督として

話を八月十七日に戻します。オリオールズ対マリナーズ戦の試合前には、オリオールズに在籍している上原浩治《こうじ》選手が、グラウンドで子どもたちのためにボールにサインをしてくれたり、一緒に写真を撮ってくれることになっていました。

そこで子どもたちと一緒にグラウンドに入ったのですが、絶妙のタイミングというべきか、何とちょうどイチローがバッティング練習中だったのです。上原選手には大変申し訳ないのですが、子どもたちの視線はすっかりイチローに釘付けです。

上原選手からサインをいただき、イチローのバッティング練習が一段落ついたとき、日本代表チームに同行している星野仙一《せんいち》さんが、イチローのほうに歩み寄っていきました（星野さんは、当時はまだ東北楽天ゴールデンイーグルスの監督に就任する前でした）。ちなみに星野さんは、遠征費を含めたさまざまな面で日本代表チームをサポートしてくださっており、星野さんがいるからこそチームも大会に出場できています。

星野さんの姿にイチローもすぐに気づき、手袋を脱いで握手をします。そこで簡単な挨拶《あいさつ》を交わした後、星野さんが「イチロー、後ろを見てみろ。奥村君がいるんだぞ」といったようなことを話してくださいました。

振り向いたイチローは私の顔を確認すると、「あーっ！」と言ったまま私のほうを指差して驚いた表情をしています。

実は今回、私が日本代表チームの監督としてアメリカに来ることは、イチローには内緒にしていました。「奥村さん、何でここにいるんですか⁉」「いや、実はいま日本代表チームの監督をやっているんだ」「ええ〜っ！　そうなんですか」といったサプライズを仕掛けたかったからです。

こちらの思惑通り、イチローは突然の私との再会に驚いていました。そして「奥村さん、何でここにいるんですか⁉」と声をかけてきました。

「サプライズ、大成功！」です。

イチローと顔を合わせて話をするのは、二年振りぐらいでした。試合前のわずかな時間ですから、それほど深い話ができたわけではありません。

イチローは私と久し振りに会ったときには、必ずといっていいほどふざけて「奥村さんって、相変わらず小さいですねぇ、真っ黒ですねぇ」と話しかけてきます。「きっと今日も同じことを言うんだろうな」と思っていたら、予想通り「奥村さんって、相変わらず小さいですねぇ、真っ黒ですねぇ」と言ってきたので苦笑してしまいました。

私のほうは試しにイチローに冗談交じりで「いらないバットがあったらプレゼントしてよ」と頼んでみたのですが、「いらないバットなんか、あるわけないじゃないですか」と切り返されました。予想はしていましたが、やっぱりダメでした。

誰よりも道具を大切にするイチローは、よほどのことがない限り自分のバットを人にプレゼントするようなことはしないからです。


そんなたわいもない会話でしたが、それだけでも私にとっては充分でした。

私とイチローとの関係を知る人からは、「シーズンオフにはイチロー選手と会って、食事をすることなんかもあるんでしょう？」と聞かれることがよくあります。けれども、普段私はイチローに、こちらから連絡をとるようなことはまずありません。

あれだけのスター選手になると、オフにはいろいろな方から声をかけられると思います。だからこそ私は、できるだけプライベートは静かに過ごさせてあげたいという気持ちが強く、自分が連絡することでイチローに変な気遣《きづか》いをさせたくないのです。

ですからその前に最後に会ったときも、お互いに連絡を取り合ったわけではありません。

私がオリックスの球団代表の方に会う用事があって神戸のスカイマークスタジアム（現ほっともっとフィールド神戸）を訪ねたときに、たまたまイチローもシーズンに備えてスカイマークスタジアムで練習をしていて、偶然再会したのです。そのときもイチローの近況を中心に十分ばかり言葉を交わしただけで、すぐに別れました。

イチローは、過去を振り返らない選手です。彼の思考はいつも前しか向いていません。何しろイチロー自身、「現役のうちは、過去を懐かしんではいけません」と発言しているほどです。古い仲間と会って、自分が若手選手だったころの昔話に花を咲かせることになんて、彼はあまり興味がないはずです。「あのとき何を考えた？」といった類《たぐい》の過去の話を、ご飯でも食べながらイチローからじっくり聞き出すのは、彼が引退してからにしたいと私も思っています。

だからこそ今回のような形で再会できることは、私にとっては願ってもないことでした。かつて仲の良かった昔の友人としてではなく、お互いにいま違う道で頑張っている、現役のメジャーリーガーと日本代表チームの監督という関係として会えたわけですから。

◉イチローはさらに器が大きくなっていた

久し振りに会ったイチローは、「人としての器《うつわ》がさらに大きくなっているな」と感じました。若いころからイチローはファンを大切にしていました。外野を守っているとき、捕球したボールを試合を観に来ているファンのためにスタンドに投げるサービスをしていたのは、野手の中でもイチローぐらいでした。

それでもどこか超然としているというか、人を寄せつけない雰囲気があったのも事実です。素《す》のイチローは結構お茶目なのですが、人前に出るとポーカーフェースになるのです。

けれどもこの日、子どもたちを前にしたイチローはすごく気さくでした。満面の笑みで「よし、一緒に撮ろう！」と言って、写真に収まってくれました。

何よりこの日、印象深かったのは、イチローが子どもたちのためにホームランを打とうとしてくれていたことです。

二打席目、イチローは明らかにホームラン狙いのスイングをしていました。長打を求められていない場面でホームランを狙うということは、「この試合を観てくれている日本の子どもたちのため」という以外に理由は考えられません。結果は右中間を深々と抜けそうな当たりだったのですが、惜しくも野手に好捕をされ、センターフライに終わりました。

けれどもその後の打席は、きっちりとフォームを修正して二安打。シーズン三〇盗塁となる二盗も決めてくれました。

私と一緒に野球をしていたころのイチローは、周囲の人たちに気配りをすることよりも、自分の能力を高めていくことのほうを優先していました。それはプロとしては当然のことです。

もちろんいまでもその姿勢は基本的には変わっていないのでしょうが、「若い選手や子どもたちが、自分の一挙手一投足に注目している」という意識は、以前よりも高まっているのではないかと思います。

「将来プロ野球選手になることを目指している子どもたちが、日本代表チームのメンバーに選ばれてアメリカに来ている。そして自分の試合を観戦してい

イチローと握手を交わす星野東北楽天ゴールデンイーグルス監督（オリオール・パーク・アット・カムデン・ヤーズにて）

る。努力を惜しまなければ、日本人だってここまで世界で通用する選手になれるんだということを、身をもって子どもたちに示したい」

イチローはあの日、そんな思いを抱きながらプレーをしていたのではないかと、私は勝手に想像しています。それがあのホームラン狙いのスイングではなかったかと思うのです。

話はやや脱線しますが、二〇〇九年のシーズンオフに北海道日本ハムファイターズの稲葉篤紀《あつのり》選手と会ったときに、「実はね、WBCのときのイチローってすごかったんだよ」という話をしてくれたことがありました。ちなみに私と稲葉選手は同じ昭和四十七年生まれ。「プロ野球47年会」のメンバーということもあって、仲がいいんです。

稲葉選手は、その年の春に行なわれた第二回ワールド・ベースボール・クラシック（WBC）に出場し、イチローとはチームメイトとして一緒に戦っています。

あの大会でイチローは、一時は打率が二割を切るという絶不調に陥り、マスコミからもバッシングを受けていました。期待に応える働きができない自分に苦しみ、相当なプレッシャーの中でプレーしていたはずです。

しかし、稲葉選手によれば、イチローはそんなときでも毎日のように若手選手を食事に誘っていたそうです。若手のメンタル面のケアに心を砕くとともに、野球界の先輩である自分が後輩の彼らに「伝えられることをできる限り伝えよう」としていたというのです。

「あの重圧の中でプレーするのは、本当に苦しいんだぞ。イチローだって絶対に苦しかったはずなのに、チームリーダーとして若い選手を引っ張っていこうとしてくれた。若手を育てようとしてくれた。あれは僕には真似できない。だから決勝戦のあの打席は、みんなで祈るような気持ちで見ていたんだ」

と、稲葉選手は語ってくれました。韓国との決勝戦。一〇回表、三対三の同点で迎えた打席で、イチローは決勝打となる二点タイムリーヒットを放ちます。あれはみんなの祈りが通じ、みんなが打たせたヒットなのかもしれません。

◉イチローが歩む道、自分が目指す道

真夏のボルチモアの球場でオリオールズ対マリナーズの試合を観戦しながら、私は「イチローには負けられないぞ」という気持ちになっていました。イチローは、自分のプレーを見てもらうことで、若い野球選手や将来プロ野球選手になることを夢見ている子どもたち、そして野球ファンに勇気を与えられる数少ない人物です。イチロー自身、それを意識しながらプレーしていると思います。

私は現役選手ではありませんから、イチローとは違って、プレーを通じて人に何かを伝えることはできません。しかしだからといって、イチローに負けているわけにはいきません。私には私の役割があるはずです。

私の身長は一六八センチで、野球選手としてはかなり小柄でした。「素質だけでは勝負できない」と思った私は、中高生のころからフルに頭を使って野球に取り組んできました。

「体格を武器に剛速球を投げることができないのなら、球のキレやコントロー

ルを磨いたり、駆け引きで勝負できるピッチャーになろう。ではそのためにはどんな努力や工夫をすればいいのだろうか」

といったことをいつも考えながら、練習や試合に臨んでいたのです。

私の高校時代の知人は当時、「奥村は、もしかしたらプロに行けるかもしれない」なんて、誰も想像していなかったと思います。そんな私が、あと少しでプロ野球選手に手が届きそうなところまで来られたのは、常に高い目的意識を持ちながら野球に取り組んでいたからだと思います。

しかし私以上に「高い目的意識を持つこと」を徹底的に実践していたのがイチローでした。

イチローはよく「天才」と呼ばれますが、天性の才能だけでここまで上り詰めたわけではありません。イチローもまたメジャーの中では、決して体格には恵まれていません。高い目的意識を持ち続けて野球に取り組んできた結果、彼はメジャー屈指の名選手になっていったのです。

若いころからイチローは、自分の考えや行動を言葉にして表現する力を持っていました。私はオリックスの独身寮の部屋の中や、試合後に一緒に食事に行ったレストランなどで、彼が考えていることや感じていることについて、よく話を聞いたものです。

そのほとんどは理に適《かな》うことばかりで、私はイチローから本当にたくさんのことを吸収しました。

いま、私は指導者という立場にいますが、私の指導方針や指導理論の中にはイチローから学んだことが詰まっています。もちろんイチローだけではなくて、ほかの選手や監督から学んだことも指導に活かしています。

私の役割は、イチローを始めとしたさまざまな選手の優れた考え方や実践法を、下の世代に伝えていくことにあると思っています。そうした中から田中将大のようなプロ野球選手やメジャーリーガーが育ってくれればうれしい限りですが、「プロで活躍する選手を輩出する」ことが私の最大の目標ではありません。

私の一番の目標は、イチローのように自分の頭で考えることができ、高い目的意識を持って、物事をやり抜く力を備えた選手を育てることにあります。またそういう選手が育つチームを作ることが私の目標です。

いま野球に打ち込んでいる中学生のほとんどは、将来プロ野球選手にはなれません。けれども野球を通じて培《つちか》った「目的意識を持って取り組む姿勢」「自分の頭で考える力」「困難にめげずにやり抜く力」は、社会のどんな場面においても役立つはずです。

私は子どもたちが将来社会に出たときに、自分で道を切り開き生きていくことができる力を育《はぐく》んでいきたいと考えているのです。

さて本書では、まず1章で、私とイチローとの出会いや、若きイチローがどのような意識で野球に取り組んでいたかを述べています。イチローの意識や姿勢は、野球以外の世界で物事を極めていきたいと頑張っている方にも参考になる部分が多いと思います。

2章では、プロ野球の選手になることを目標としていた私が、中学硬式野球の指導者になった経緯について語っています。イチローだけではなく、人生の大切な場面でのさまざまな方との出会いが、いまの私の財産になっています。

3章では、イチローのように高い目的意識を持って物事をやり遂げる力を持った「強い個人」の育て方、そして強い個人を育てることができる「強い組織」の作り方について述べています。私は中学硬式野球の指導者ですから、中学生の話が中心になりますが、企業で部下育成やチーム作りに苦労されている方にも、きっと参考にしていただける部分があるのではないかと思っています。

そして4章では、「強い個人」を育て、「強いチーム」を作ることができる指導者の条件について述べています。

実は最近、私は講演をさせていただく機会が多いのですが、野球関係者や教育・子育てに携わっている方だけではなく、企業で活躍されている方も、私の話に興味深く耳を傾けてくださることが増えました。

ありがたいことに、「イチロー選手のセルフマネジメント術や選手指導についての奥村さんの話は、会社で人材育成や部下指導に取り組むうえでも参考になることが多い」とおっしゃってくださいます。

野球やスポーツの世界で指導者として活動されている方はもちろんのこと、教育や子育てに携わっている方や、企業で部下育成や組織作りに取り組んでいる方にも、ぜひ本書を手に取り読んでいただければと思っています。

イチローの哲学

目次

プロローグ　二〇一〇年八月、イチローとの久々の再会

1章　若きイチローから学んだブレない心

2章 「イチローの恋人」から少年野球指導者へ

3章 「考える力」「やり抜く力」を育てる指導論

4章 チームと個人を強くする指導者の条件

編集協力◎長谷川　敦

1章

若きイチローから学んだ
ブレない心

1-1 イチローとの出会い

◉十九歳のイチローに会ったとき「これがプロなんだ!」と思った

私が初めてイチローに会ったのは、一九九三年春。宮古島で行なわれたオリックス・ブルーウェーブの春季キャンプに、バッティングピッチャーとして初めて参加したときのことです。

当時、私は高校を卒業して三年目の二十歳。ピッチャーとしてプロ野球選手になることを目指していました。そのためシーズンオフになると、いろいろな球団の入団テストを受けていたのですが、結果はいずれも不合格。

そんなときにオリックスから、「選手として採用することはできないけれども、うちでバッティングピッチャーとしてやってみないか」と声をかけられたのです。

バッティングピッチャーは、正式に選手登録されているピッチャーとは違い、試合で投げることはできません。バッターのバッティング練習のときに、来る日も来る日もボールを投げるのがバッティングピッチャーの仕事です。

一日に投げる球数は一二〇球から一五〇球にも上るため、ピッチャーにとっての財産である肩を酷使することになります。また現役のピッチャーからバッティングピッチャーになる例は多いのですが、逆にバッティングピッチャーから現役のプロ野球選手になれた例は過去にほとんどありません。

しかし話があったとき、それでも私は「やらせてください」とオリックス球団の方にお願いしました。理由は「プロのレベルを感じてみたかった」から。自分のボールがプロのバッターを相手にどこまで通用するか、試したかったのです。

そのころオリックスには、石嶺《いしみね》和彦選手や藤井康雄選手、高橋智《さとし》選手といった好打者が揃《そろ》っていました。また九二年にドラフト一位で入団した田口壮《そう》選手も、若手のホープとして注目されていました。

けれども私が宮古島キャンプの中で「これがプロの選手というものなのか」

と衝撃を受けたのは、そうした主力選手ではなく、ある無名の選手でした。そうです。高卒二年目、まだ十九歳のイチローでした。

イチローはすでに一年目から二軍のウエスタンリーグで首位打者を獲得するなど、頭角《とうかく》を現わしつつありましたが、私はキャンプに参加するまで彼のことを知りませんでした。その名前も顔も知らない背番号51番のバッターが、私が投げる球をしなやかなフォームで打ち返していきます。しかも打球は鋭いライナー性の当たりばかり。

「この鈴木一朗ってバッターはすごいな。田口さんよりもいいじゃないか。こういう選手がプロでブレイクしていくんだな」と、私は目を見張るばかりでした。

◉自分が信じることへの強烈なこだわり

この年、イチローは、誰がどう見ても一軍でレギュラーとして活躍できるだけの実力をすでに備えていました。

もしコンスタントに一軍の試合に出場していたら、打率三割とまではいかな

イチローと著者（西武球場にて）
撮影：渡辺靖由　写真提供：『FOCUS』新潮社

くても、二割八分か二割九分は確実に打っていたでしょう。守備はこの時点で一流クラスでしたし、足が速く盗塁も期待できる選手ですから、かなりの戦力になっていたと思います。

しかし一九九三年のイチローは、開幕は一軍で迎えたものの、結果的に一軍出場は四三試合にとどまり、打率も二割を切る成績になりました。試合に出られなかった理由は、一軍の土井正三《どいしょうぞう》監督や小川亨《とおる》バッティングコーチとイチローとの間で、バッティングについての考え方のズレがあったことでした。

シーズンが開幕し間もない四月のある日、私は試合前の練習を終えてロッカールームに戻ってきました。するとイチローが目を真っ赤にしながら私のところにやってきて、「奥村さん、これから二軍に行ってきます。首脳陣から二軍落ちだと告げられました」と言います。

「どうして？　まだシーズンが始まったばかりで、これから結果を残さなくてはいけないところなのに……」

そう尋ねる私に対して、彼は泣きながら「悔しいです」と繰り返していました。

イチローが二軍落ちを命じられた理由は、バッティングコーチの指示を拒否したことにありました。

イチローはバットを握るときに、グリップエンド（バットの一番下の出っ張っている部分）に小指をかけて握ります。当時、そういうバットの握り方をしている選手はイチロー以外にほとんどいませんでした。

そこでバッティングコーチの小川さんが、「グリップエンドに小指をかけて握っていると、ボールが当たったときに骨折するからやめなさい」と注意したのです。

しかしイチローは引きませんでした。何とコーチを相手に「ボールが当たらないようにすればいいだけのことじゃないですか」と反論したのです。

これが決定的なひと言となり、二軍行きが決まったのです。

その日の試合が終わった後、私は寮に帰るとイチローの部屋を訪ねました。するとイチローは「あの人たちは、絶対にわかっていない」と悔しさをぶつけてきました。

「僕はプロ野球選手の中では、決して体格は大きくないし、握力も強くありません。そういう人間がプロで活躍するために、バットに一番力を入れられる握り方は何だろうと考えて見つけたのが、この握り方だったんです。だから僕はこれからも、この握り方を変えるつもりはありません」と。

イチローがすごいのは、自分が考え抜いたうえで「これだ」と確信して築き上げたスタイルは、たとえどんなに立場が上の人から批判されても変えないことです。

ちなみに小川コーチは、現役時代に一五〇〇本以上のヒットを放っており、選手としても実績のある人です。若手選手から見れば、雲の上の存在のはずです。

そんなコーチから注意をされれば、普通の若手選手であれば、仮に納得がいかなかったとしても「はい、わかりました」と答えることでしょう。しかしイチローは、相手が誰であれ、納得のできないことには首を縦に振らないのです。自分のスタイルを変えようとはしないのです。

「イチローというのは何て芯の強い人なんだ」

と私は驚きました。この芯の強さが、イチローのイチローたるゆえんです。

もしイチローが周りの意見に左右されて、自分のスタイルが簡単にブレるような人であれば、日本のプロ野球でそれなりに活躍することはできたとしても、一流のメジャープレーヤーにはなれていなかったと思います。

◉納得のいく理論には、素直に耳を傾ける

ただしイチローは、他人の意見にはまったく耳を傾けない意固地《いこじ》な人というわけではありません。

二軍に落とされたイチローを待ち構えていたのが、二軍のバッティングコーチを務めていた河村健一郎さんでした。この河村コーチとイチローが一緒になって挑戦したのが、あの有名な振り子打法です。

当時からイチローは、バットにボールを当てる技術はずば抜けていました。それに加えて強い打球を打てるようになれば、さらに強打者へとレベルアップします。そこで河村コーチは、体重移動を大きくとることで、ボールを強く叩《たた》く振り子打法をイチローに提案したのです。

「グリップエンドに小指をかけてバットを握る」ことについては、どんなにコーチから指示されても、イチローは絶対に変えようとはしませんでした。けれども振り子打法については、「たしかに河村さんの考えていることは正しい」と納得して、イチローは自ら積極的にバッティングフォームの改造に取り組み出しました。

イチローは、自分が納得のいかないことには決して従いませんが、一方で納得のいく理論には素直に耳を傾けて、自分を変える柔軟さを持っているのです。

振り子打法の完成に向けて、バッティング技術の進化に取り組む日々が始まりました。私は普段、バッティングピッチャーとして一軍のナイターに帯同していますから、寮に戻ってくるのは夜の十時か十一時ぐらいになっています。イチローの部屋に遊びに行ってみると、彼はその時間にはだいたいもう寝ていました。

ところが夜中の一時ぐらいになると、イチローは一人起き出して、室内練習場に向かいます。そしてバットがボールに当たるカーン、カーンという音が、いつも朝方の四時ぐらいまで聞こえていました。

たぶんイチローは「今年はもう一軍の試合には出場できなくてもいい」と考えていたと思います。考え方の違う監督やコーチの下でプレーをしても、いい結果を残せるわけがないからです。

それよりも「振り子打法をモノにすることによって、二軍で突出した成績を残し、一軍の監督やコーチが自分を使わざるを得ないようなところまで持っていこう」と考えていたのではないでしょうか。

そんなイチローにチャンスが巡ってきます。この年を限りに土井監督が退陣することになり、翌年から仰木彬さんが監督として指揮を執《と》ることになったのです。またコーチ陣も大幅に入れ替わることになりました。

私はプロ野球でいろいろな監督を見てきましたが、仰木監督は選手の心を摑《つか》むのがとても上手な方だったと思います。

仰木監督はイチローの能力の高さを見抜き、シーズン前にイチローに「今年一年間、何があっても一軍でレギュラーとしておまえを使い続ける」と、いきなり宣言しました。まだ一軍ではほとんど実績を残していない選手に対してです。

これまで二軍で苦汁《くじゅう》をなめ続けてきた選手が、「一軍で一年間おまえを使い続ける」と言われたら、意気に感じないわけがありません。

そしてイチローはこの年、仰木監督の宣言通り一軍でレギュラーとして使われ続け、二一〇本の日本最多安打記録を達成することになります。

◉打者とバッティングピッチャーは二人三脚

イチローが一軍に定着して以降、試合前のバッティング練習では私がいつも彼のバッティングピッチャーを務めるようになりました。

当時オリックスには六人のバッティングピッチャーがいました。基本的にベテランの打者にはベテランのバッティングピッチャー、若手の打者には若手のバッティングピッチャーが投げることになっています。

バッティングピッチャーで一番若いのは私、一軍の選手で一番若いのはイチロー、次が田口壮さんでしたから、必然的に私がこの二人に投げることになったのです。

またイチローが高打率をキープし、首位打者争いをするようになってからは、ほかのバッティングピッチャーの方は、イチローを相手に投げるのを嫌がるようになりました。もし自分がイチローのバッティングピッチャーを務めたことがきっかけで、彼の成績が下降し始めたら、責任重大だからです。

「イチローには、おまえが全部投げろよ」

と、私は先輩たちから言い渡されました。

イチローにとっては、実質的には一軍デビュー一年目の大事なシーズンです。しかも彼はヒットを量産し続けています。「これは大変なことになったぞ」という思いの一方で、私は強いやりがいを感じていました。

バッティングピッチャーにとって、レベルが高いバッターを相手に投げるのはやはり楽しいものです。打率が低いバッターは、ヒッティングゾーンが狭く、打てるボールが限られています。でもイチローや田口選手レベルになると、どこにボールを投げても、芯で捉《とら》えて打ち返してくるのです。

打ち返されることによって「よし、今日もイチローと田口さんは大丈夫だ」と、安心した気持ちで試合を迎えることができます。

また毎日投げていますから、イチローや田口選手がちょっと調子を崩しかけているときも、敏感に察知できるようになります。

どんなに一流のバッターでも、一年間同じ調子でバッティングを続けられるわけではありません。振りが鈍くなったり、体に力が入っているために、きれいにボールが当たるポイントにまでバットが出ず、鋭い打球を打てなくなってしまうことがあるものです。

そんなときバッティングピッチャーは、わざと二、三キロ程度スピードが遅いボールを投げます。するとバットの振りが鈍かったとしても、ちょうどいいタイミングでボールが当たるため、会心の当たりになります。これを何球か続けるうちに、バッターはいつもの感覚が戻り、調子を取り戻すわけです。

バッティングピッチャーには、バッターの調子を整えるという役割もあるのです。

一流のバッターになると、逆にバッティングピッチャーの調子を上げるといったこともしてくれます。

毎日のように投げていると、疲労が蓄積して思うようにボールが走らないことがあるものです。

こんなときに二流のバッターだと、力のないボールにフォームが崩れて、うまく打ち返してくれません。

ところが一流のバッターは、前述したようにどんなボールでも芯で捉えて打ち返してきてくれます。最初のうちはボールが走らないのを気にしながら投げていますが、そのうち気にならなくなり、やがていつの間にか調子が戻っているということが起こるのです。

こんなふうに打者とバッティングピッチャーは、いつも二人三脚で練習をしています。ですから普段投げているバッターが試合で活躍してくれると、自分のことのようにうれしいものです。

特に私とイチローと田口選手は年齢が近いこともあって、新幹線や飛行機での移動中や食事のときはいつも一緒でしたから、彼らが打ってくれたときの喜びはひとしおでした。

◉自分のルーティンを何よりも大切にする

イチローは試合前のバッティング練習のとき、いつも私に「キレのいいストレートを全力で投げてください」という要望を出していました。ピッチャーが試合のときに投げてくるような、生きた速いボールを、練習のときから打っておきたいというのです。

そうすると練習の間にキレのあるボールに目が慣れてくるので、試合にもスムーズに入れるとのことでした。

また練習では、決まって最初はレフト方向への流し打ちから始め、次にセンター方向に打ち返し、最後はライト方向に引っ張っていました。その日の気分によって「今日はライト打ちから始めよう」なんてことは絶対にありませんでした。

これはイチローがルーティンを大切にしているからです。毎日同じことを繰り返していると、いつもと少しでも違う感覚があればすぐに気がつくことができます。

けれどもたとえばイチローが、ある日は「奥村さん、今日は気持ち良くかっ飛ばしたいので、緩《ゆる》い球を真ん中に投げてください」と遅い球を私に要求し、また違う日は「今日の試合は伊良部《いらぶ》（秀輝）さんが登板すると思うので、対策のために速球を投げてください」と速い球を私に注文していたとしたら、どうなるでしょうか。

いつもと感覚が違うのは、私が投げるボールのせいなのか、自分の調子のせいなのか判断できなくなってしまいます。だからイチローはルーティンを大切にしているのです。

ルーティンに対するイチローのこだわりを象徴する、あるエピソードがあります。

私はイチローの専属バッティングピッチャーとして投げ続けていましたが、

ある日、一試合だけ私がイチローのバッティングピッチャーから外されていたことがありました。

ベンチ裏にあるバッティング練習の予定が書き込まれたボードの、イチローを担当するバッティングピッチャー欄には、私ではない名前が書かれていたのです。その日の予定では、私は違う班のバッターに投げることになっていました。

イチローは私のところにやってきて、こう言ったのです。

「奥村さん、今日は僕、ヒットを打たなくてもいいということなんですかね」

私は彼が言っている意味がすぐにはわからず、「どうして？」と聞き返しました。するとイチローはこう答えました。

「だって僕はいつも試合前のバッティング練習では、奥村さんのボールを打っていますよね。奥村さんのボールを打つことで自分の状態を確認し、試合に臨んでいるんです。これは僕が大切にしている型なんです。なのに今日は奥村さんじゃないってことは、ヒットを打たなくてもいいってことですよね」と。

イチローの言葉に驚いた私は、すぐにバッティングコーチの新井宏昌さんのところに行き、イチローの言葉を伝えました。新井コーチはイチローの良き理解者でしたから、「それはまずい」ということになり、急遽《きゅうきょ》、私がイチロー相手に投げることになったのです。

新井コーチとしては、「たまにはイチローに、ほかのバッティングピッチャーのボールも打たせてやろう。やっぱりいろいろなピッチャーのボールに慣れておいたほうがいいから」という気持ちがあったのかもしれません。

けれどもイチローとしては、いつもとバッティングピッチャーが替わることによって、自分のルーティンを崩されることを何よりも嫌ったのです。

1-2 イチローの目的設定&目標設定術

◉不安だからといって、練習に逃げない

このようにイチローは、まだ十九歳や二十歳だったころから、すでに独自のスタイルを築き上げていました。

自分のバッティングフォームについても、しっかりとした考え方を持ち、納得のいかないことはいくらコーチから「やれ」と言われても、きっぱりと拒絶します。けれども「もっと野球がうまくなりたい」という思いは誰よりも強いですから、振り子打法のように理に適う考え方であれば積極的に取り入れていくのです。

普通の十九歳や二十歳であれば、コーチから指示をされれば、その指示が本当に適切なものかどうかということは考えずに、「とにかくコーチから言われ

たのだから、やらなければ」となるはずです。しかしイチローの場合は、常に自分の判断基準に基づいて、コーチの指示を受け入れるかどうかを決めていたのです。

ですから私はイチローから話を聞くたびに、「これが本当に自分と同世代の若者が考えることだろうか」と驚かされたものです。

イチローは当時から、目的意識が明確ではない練習には決して取り組もうとはしませんでした。

イチローといえども、試合でヒットが出ない日が何試合か続くことがあります。

こんなとき多くの選手は、特打といって、普段の練習とは別に早出や居残りをしてバッティング練習をするものです。そうやって自分のバッティングフォームを修正して、スランプから抜け出そうとします。

ところがイチローの場合、「よかったら試合後に残って投げようか？」と声をかけても、「いや、その必要はないですよ」という返事が返ってきました。

不思議に思った私は、「だって最近ヒットが出てないよね。焦りはないの？」と聞いてみます。すると「そりゃ僕だって焦りますよ。不安もあります。でも不安だからといって練習量を増やしても、何もプラスにはなりませんよね」と言います。

そしてイチローは私に、こんな話をしてくれました。

「スランプになると、急にバッティングフォームを変える選手は多いですよね。でもあれはいまの状況が精神的に苦しいから、むやみにフォームを変えようとしているだけだと思うんです。その証拠に、フォームを変えて、また打てるようになると、みんな元のフォームに戻ります。それなら最初から、本来の自分のフォームで練習をしたほうがいいですよね」

イチローによれば、多くの選手がスランプに陥ると、急に練習量を増やしたり、バッティングフォームの改造に取り組んだりするのは、「技術を伸ばしたい」というよりは「不安だから」という理由のほうが大きいとのことです。

「こういう部分を伸ばしたい」という明確な目的があるわけではなくて、焦りから練習をしているケースが多いのです。不安なので、練習をすることで自分を安心させたいわけです。

でも明確な目的があるわけではなく、焦りからくる練習をいくら重ねても、技術的な成長には結びつきません。

だからイチローは、私が「試合後に残って投げようか」と声をかけても、「その必要はありません」と断っていたわけです。


ヒットが打てなくなったときに、イチローが急に焦ったりしないのは、普段の練習のときから、きちんと目的意識を持って取り組んでいるからです。

前述したようにイチローは、試合前のバッティング練習のときに、まずレフト方向への流し打ちから始め、次にセンター方向に打ち返し、最後はライト方向に引っ張ります。この練習の目的は、バットをボールに当てるタイミングやミートポイント、バットの出し方や角度などを細かく確認することです。そうやって、いまの自分の状態をチェックしています。

するとフォームやスイングが崩れたときも、早い段階でそのことに気づきます。ごく微妙な修正で本来のバッティングに戻ることができます。だから大幅なバッティングフォームの改造や不要な練習に取り組まなくてもいいわけです。

◉「何のための練習なのか」を常に意識する

数試合ヒットが出ないときでも、イチローが早出や居残りで練習をしないのには、もう一つ理由があります。それは、自分の体調管理を一番に考えているからです。

一軍のペナントレースは、七カ月間にわたる長丁場で、ほぼ毎日のように試合があります。その間にハードな練習をしたらどうなるでしょうか。知らないうちに疲れが溜《た》まり、試合でのパフォーマンスに悪い影響を及ぼすはずです。

当時、オリックスの主力選手で、練習熱心で知られている人がいました。その選手は、遠征先の宿舎でも試合後に素振りをしているほどでした。

私などは「あんなに練習するからレギュラーをとれたんだろうな」と感心していましたが、イチローはその選手のことを冷静に見つめて、

「奥村さん、あの人はこれから絶対に成績が下がりますよ。だって練習のしす

ぎですから」

と言うのです。

するとイチローの予言通り、シーズン前半には三割をキープしていたその選手の打率は、夏場に差しかかるとみるみる下がり、ついに九月には二軍落ちしたのです。

一方、一軍に定着してからのイチローは、シーズン中に試合以外でバットを握るのは、試合前のバッティング練習のときだけでした。試合前のバッティング練習なんてわずか五分で終わってしまいますが、それ以外は決してバットを振り込もうとしないのです。そんな選手は、オリックスの中でもイチローだけでした。

ただしイチローは、「いまはしっかり練習をする必要がある」というときは、人一倍バットを振ります。

まだ二軍にいたときのイチローは、練習の虫でした。

二軍の場合、シーズン中の試合数は一軍よりも三〇試合ぐらい少なく、試合がない日は朝の九時から練習が始まり、夕方まで続きます。寮に戻ってくるのは、夕方の五時から六時ごろ。それから食事や入浴をしたり、ゆっくりと休んで一日の疲れをとるわけですが、イチローの場合は寮に戻ってからも一人で練習をしていました。

振り子打法の完成に励んでいたころ、夜中の一時ぐらいに起き出して、室内練習場で朝方までバッティング練習をしていたというエピソードは前にも話した通りです。

また一軍に定着してからも、シーズン前の自主トレーニングやキャンプのときには、バッティングマシンを相手に、一日三時間も四時間もバットを振り込むといったことをしていました。

プロ野球選手にとって二軍時代は、自分のバッティングフォームを確立する時期に当たります。また春のキャンプは、一度確立した自分のバッティングフォームを、さらに技術的に進化させていく時期になります。そういう時期にはイチローは、激しい練習によって自分を鍛え抜くのです。

ちなみにイチローはいつも「バッティングフォームを変える」とは言わず

に、「バッティングフォームを進化させる」と言っていました。プロに入って以来、イチローのフォームは毎年のように変わっていますが、あれは「変化」ではなく「進化」なのです。

あれこれと迷っていろいろなバッティングフォームを試すことを「変化」というのに対して、「進化」とは自分の中に「こうなりたい」というイメージがあって、そのイメージに向けて自分を磨いていくことをいうのだと思います。

振り子打法を完成させたのも、あれこれと迷っているうちに偶然、振り子打法が見つかったのではなく、「体重移動を大きくとることで、ボールを強く叩けるようになりたい」というイメージがあって、そのイメージに向けて練習をした結果です。

イチローは、同じバッティング練習でも、「何のための練習なのか」ということを常に明確に意識しているのだと思います。

キャンプのときのバッティング練習は、目指すバッティングフォームに向けて自分を進化させたり、そのフォームを固めるための練習です。

こんなとき、イチローは一日何時間でも練習します。しかも「今日は三時間バッティング練習をしよう」とか「三〇〇球打ち込もう」といったように、最初から時間や球数を決めて練習するのではなく、その日設定した目標をクリアできるところまで練習します。だから結果的に練習時間が三時間や四時間になっているわけです。

一方、シーズン中のバッティング練習は、自分のベストのバッティングフォームを確認したり、微調整を加えることを目的とした練習です。その目的を達成できればそれ以上の練習は必要ありませんから、あとは試合のために体調管理を優先します。

「イチローは目的意識が明確ではない練習には、決して取り組もうとはしない」というのは、そういう意味です。

◉夢は高く、でも目標は手が届くところに

イチローの目標設定の特徴は、いきなり高い目標を自分に課さないことです。イチローは常々、「目標は、ちょっと頑張れば手が届くところに設定しな

くてはダメなんですよ」と話していました。

一般的に目標は「高く持ったほうがいい」といわれますから、イチローの考え方は最初は意外に思えましたが、話を聞いてみると理に適ったことでした。

イチローは言いました。

「いきなり高い目標を設定すると、その目標といまの自分とのギャップを目《ま》の当たりにすることになりますよね。すると『どんなに努力しても、これは自分にはとても無理だ』という気持ちのほうが強くなって、意欲がどんどん低下していくんです。けれども『いまの自分には無理だけど、ちょっと努力すれば達成できそうだ』という目標だったら、頑張ることができます。その結果目標を達成できたら、それが喜びや自信となって、もっと頑張ることができるんですよ」

たしかに、登山経験がない人でも富士山だったら「自分でも登れそうだ」と思ってトレーニングに励むことができるでしょうが、いきなりエベレスト登頂という目標を設定してしまったら、途方もないことのように感じられて、ほとんどの人がすぐに挫折《ざせつ》してしまうでしょう。

けれども富士山（あるいはもっと気軽に登れる山）から始めて、少しずつ難しい山に挑戦していけば、やがてエベレストにも登れるようになるかもしれません。

同じようにイチローもそうやって、高校野球から日本のプロ野球選手、そしてメジャーリーガーへと一歩一歩目標をクリアしていったのだと思います。

ただし一方でイチローは、夢や憧れについては高く持っていました。

オリックスの独身寮に住んでいたころ、私はよくイチローの部屋に遊びに行ったのですが、彼の部屋の中には所狭しとメジャーリーグのユニフォームが飾られていました。

当時、東京・渋谷にメジャーリーグの選手のユニフォームを売っているショップがありました。イチローは、遠征で東京に行ったときにはそのショップに立ち寄って、ユニフォームを買っていたのです。私もよく「奥村さんも一緒に行きましょうよ」と誘われて、彼の買い物に付き合ったものです。

また、試合や練習のために球場に来るときにも、メジャーのユニフォームを着ていました。下はジーパンですが、上にはアスレチックスやマリナーズのユニフォームを着込んでいたのです。

彼のメジャーリーガーに対する夢や憧れは、まさに野球少年そのものでした。

「いつか自分も、メジャーリーガーのようにすごい選手になりたいなあ」

という素朴な憧れが、彼が野球を続けていくうえでの原動力になっていたのだと思います。

夢や憧れは、物事に取り組むときの強いモチベーションになります。だから夢や憧れは、どんなに大きくても構いません。

けれども実際に物事に取り組むときには、現実的な目標を設定しないと、すぐに挫折してしまうことになりがちです。

「夢は大きく、でも目標は手が届くところに」

これを実践できたことが、イチローが「メジャーリーガーとして成功する」という大きな夢を叶えることができた理由の一つだと思います。

1-3 イチローの自己管理力

◉スポーツ新聞は読まない

イチローは自分が設定した目標に向かって、ブレることなく努力を継続することができる人です。ですからみなさんはイチローというと、「強靭《きょうじん》な精神力の持ち主」というイメージがあるかもしれません。

しかし私から見るとイチローは、決して人並み外れて精神力が強いわけではないと思います。精神的に弱い部分もたくさんあります。

むしろイチローがすごいのは、心に弱い部分があることを自分自身でちゃんとわかっていることです。そして、その弱い部分によって自分の心が揺れてしまわないように、しっかりとセルフマネジメントができていることです。

たとえばイチローはスポーツ新聞の類は、絶対に読みません。野球選手の中には、自分が活躍したときには翌朝のスポーツ新聞を読むのを楽しみにしている人が多いのですが、イチローは好調時でも不調時でも、あらゆるスポーツメディアの記事や報道に触れないようにしているのです。

なぜでしょうか。それは記事を読んだときに自分のことが書かれていると、心が揺れてしまう可能性が高いからです。

イチローが毎試合のようにヒットを量産していたころ、メディアは「イチロー、夢の四割打者に到達か」などと書き立てました。逆にしばらくヒットが出ない日が続くと、「どうしたイチロー⁉　今年はおかしいぞ！」といった見出しの記事が紙面を飾ることになります。

こうした記事は、イチローの思惑とは全然関係ないところで書かれているわけですから、本当は気にしなければいいのですが、イチローだって人の子です。読めば当然気になります。

するとそれがプレッシャーや焦りにつながり、試合中のプレーにまで影響が出てくる恐れがあります。だからイチローはスポーツ新聞を絶対に読まないのです。

またインタビューのときに、打率のことについて聞かれても、そっけない答えしか返さないのは、成績や数字を気にすることによって自分のペースを乱されたくないからです。

◉なぜイチローは、打率より安打数を重視するのか

イチローが成績や数字の面で意識していることがあるとすれば、それは唯一、安打数です。

一九九四年、イチローが一軍のレギュラーに定着して、快調にヒットを打ち続けていたとき、私はいつもイチローの成績をチェックしていました。イチロー自身は自分の成績を気にしないようにしているのかもしれませんが、バッティングピッチャーとしては自分が担当しているバッターの打率や安打数はやはり気になるものだからです。

チェックをしているうちに、私はあることに気がつきました。

四月にシーズンが開幕してから七月が終わるまで、イチローはだいたい毎月三〇本ずつヒットを打っていました。

その年のシーズンが始まったのは四月九日でしたから、四月の日程は実質三週間しかありません。また七月はオールスター戦がありますので、やはり試合日程は実質三週間です。けれどもイチローは四月も七月も、ほかの月と同じようにだいたい三〇本ぐらい打っていたのです。

プロ野球のシーズンは約七カ月間ですから、毎月三〇本のペースで打ち続けると、シーズン終了時には二一〇本になる計算です。

そこで私はイチローと一緒にご飯を食べているときに、軽い気持ちで「一カ月にヒットを三〇本打つのって、結構難しいことなの？」と聞いてみました。イチローは「どうしてですか？」と聞き返してきましたので、私はイチローがコンスタントに毎月三〇本ずつヒットを打っているという話をしました。

イチローは私の話を興味深そうに聞いた後、「毎月三〇本ずつヒットを打つという、その考え方っていいですね」と返してきました。

二〇〇九年にメジャーリーグの新記録となる九年連続二〇〇本安打を達成したとき、イチローはインタビューに答えて、「打率三割を守ろうとすればつらい打席も、ヒットを一本増やしたいと思えば楽しめます」と語っていましたが、打率よりも安打数を重視する姿勢は、もしかしたらこのときの会話が原点になっているのかもしれません。

イチローが言う通り、打率を意識するとバッターは苦しくなります。なぜなら打率は毎日変動するからです。打率は上がっているときは気分が良いでしょうが、一度下がり始めるとどんどん不安になっていきます。打率を気にすることは、むやみに自分の心の状態を不安定にさせる要因となります。

それに比べて安打数は、一本一本の積み重ねです。増えていくことはあっても、減ることはありません。バッターボックスに入ったときには、その打席でヒットを打つことだけに意識を集中することができます。その積み重ねの結果が二〇〇本安打になり、それを打席数で割ると打率になります。言い方を替えれば、打率は計算の結果でしかないのです。

◉トッププレーヤーになってから、意識的に自分を変えた

いまのイチローからは想像もつかないことですが、二軍にいたころの十九歳

のイチローは、先輩に誘われてよくカラオケに行っていました。

彼の十八番《おはこ》は、美川憲一さんの「さそり座の女」。美川さんのモノマネをしながら歌うのですが、これがなかなかうまくて、先輩からも大好評でした。

私も彼の歌を聴きながら、「イチローって、結構面白いヤツなんだな」と驚いたことを覚えています。

また当時のイチローは二軍で過ごすことが多かったのですが、ときどき一軍からお呼びがかかることもありました。あるときイチローがたまたま一軍に登録されていた時期に、東京に遠征したことがあったのですが、「奥村さん、せっかく東京に来たんだから、一緒にディズニーランドに行きましょうよ」と私を誘います。

そこでほかの選手も何人か誘ってディズニーランドに行ったのですが、イチローは誰よりも楽しんでいました。

イチローのことを「修行僧のようだ」とか「侍みたいだ」と言う人は少なくないのですが、こんなふうにイチローは、なかなかお茶目な一面を持っているのです。

ところが入団三年目、レギュラーに抜擢されて驚異的なペースでヒットを量産し始めたころから、イチローは「お茶目な部分」を自ら封印します。先輩が「イチロー、カラオケに行くぞ」とか「遊びに行くぞ」と誘っても、「僕は行かないです」と断るようになったのです。そして試合にベストな状態で臨めるように、自分のコンディションを整えることを最優先するようになりました。

おそらく彼は、「イチローこうあるべき」という自己像を自らの中に作り上げたのだと思います。

一九九四年、日本プロ野球史上初となるシーズン二〇〇本安打を放ったことで、イチローはいきなり周囲から日本を代表するトッププレーヤーと見なされるようになりました。つい一年前までは、彼の名前さえ知る人が少ない無名選手だったにもかかわらずです。

イチローは「自分はトッププレーヤーとして、どうあるべきか」ということを考えざるを得なかったと思います。

プロ野球選手の中には、一軍でブレイクして急に脚光を浴びると、自分を見失ってしまう人が少なくありません。ちょっとでも活躍すると、周囲がやたらと持ち上げるようになりますし、交友関係も広がります。すると実力以上に自分のことを過信するようになり、気の緩みが生じます。

そのためせっかくの才能や資質をすり潰《つぶ》してしまい、二流や三流の選手で終わってしまうのです。

イチローがすごいのは、むしろそういう場面で、自分をストイックに律する方向に持っていったことです。

イチローが二〇〇本安打を達成する前後は、日本中がイチローに注目し、イチロー人気は一種の社会現象のようになっていました。試合前のバッティング練習のときからテレビ局のカメラがイチローに群がり、私もその中で投げなくてはいけませんでした。

「自分がイチローにボールをぶつけてケガでもさせたら、大変なことになるぞ」

と思いながら投げていたものです。

そうした環境の中でイチローが一番に考えたのは、「どんなにスターとして持てはやされたとしても、それに巻き込まれることなく平常心を保つためにはどうすればいいか」ということだったと思います。

その結果、作り上げたのが、「イチローこうあるべき」という自己像だったのです。

その後、イチローが二〇年にもわたって、トッププレーヤーであり続けられているのは、「イチローこうあるべき」を忠実に守っていることが大きいと思います。

◉リーダーとしての役割を意識して臨んだWBC

イチローは、いま自分が置かれている状況の中でどうあるべきかということをしっかりと意識し、行動できる人です。

二〇〇六年と二〇〇九年に行なわれたワールド・ベースボール・クラシック（WBC）のとき、「イチローは変わった」とよく言われました。

孤高のイメージがつきまとう彼が、闘志剝《む》き出しの発言をしたり、自ら若い選手に声をかけ、チームを盛り上げようとしていたからです。

　しかし私は、イチローが変わったわけではないと思います。WBCの中で自分に求められていることは何かと考えたときに、「このチームで自分が果たさなくてはいけないのは、チームリーダーとしての役割だ」と判断したと思うのです。

　日本代表チームと当時在籍していたマリナーズとでは、自分が置かれている状況は明らかに違います。

　マリナーズで考えなくてはいけないことは、一年間で一六〇試合以上戦わなくてはいけないハードな日程の中で、コンスタントにパフォーマンスを発揮していくことです。そのためには、まず自分自身の体調をベストな状態に維持し続けることを最優先しなくてはいけません。

　一方、WBCは短期決戦であり、日本代表チームはいろいろな球団から選手が集められて構成された寄り合い所帯のチームです。自分が活躍することも大事ですが、チームがいかに短期間でまとまるかが勝敗のカギを握ります。

　日本代表チームに選出された選手は、みんなトッププレーヤーばかりですが、その中でもずば抜けた実績を持っているのがイチローでした。また、若い選手が多い中で、年齢的にもイチローが一番上の世代に当たりました。選手たちの多くがイチローに憧れを抱き、WBCの舞台でイチローと一緒にプレーできることを楽しみにしていたはずです。

つまりイチローは、チームの中でとても求心力を持つ存在だったのです。

そんな中でもしイチローが、チームメイトに溶け込もうとせず、一人自分のペースでプレーしていたとしたらどうなったでしょうか。求心力を発揮するべき存在がその役割を全うしなかったら、ただでさえ寄り合い所帯のチームが、ますますまとまらなくなってしまいます。これでは優勝はおぼつかないでしょう。

だからイチローは、普段の「イチローこうあるべき」の自己像をちょっと崩して、「WBCでは、自分はチームリーダーとしてチームを引っ張っていこう」と意識的にギアをシフトしたのです。

その結果、イチローを中心にチームはまとまり、二〇〇六年、二〇〇九年と連覇を果たすことができました。

先ほども話したように、素のイチローはかなりお茶目です。羽目を外してバカなこともします。

しかしトッププレーヤーになったときに、周囲に惑わされずに平常心を維持するために、あえて意識的に作り上げたのが、「イチローこうあるべき」という自己像でした。そしてWBCのときには、普段の自己像を崩して「チームリーダー・イチロー」という役割を意識的に実践したわけです。

こんなふうにイチローは、自分が置かれている状況を考えながら、自分が果たすべき役割を実践していける人なのです。

ですから私は、イチローは実は監督にも向いているのではないかと思います。

監督になったときのイチローは、個々の選手の特徴を摑みとり、その特徴を活かしたチーム作りや采配《さいはい》のあり方を一番に考えるはずです。またチームの雰囲気や団結力を高めるために、リーダーとしてチームを引っ張っていく努力も、人一倍すると思います。そのチームに求められる監督像を把握し、それをみごとに実践していけると思うのです。

そのときには、自分の技術を高めることに専心していた選手時代のストイックなイメージとは、まったく違うイチローの姿を見ることができるかもしれません。

◉練習のときは考え抜き、バッターボックスには無心で入る

私はオリックスを退団した後、阪神を経て、最後は西武ライオンズでバッティングピッチャーを務めていました。そのとき西武のピッチャーの人たちからよく言われたのが、「イチローの目が怖い」ということでした。

バッターボックスに入ったときのイチローは、ものすごく鋭い目をしているというのです。猛獣が獲物を捕らえるときのような、そんな目だといいます。だからピッチャーとしては、絶対にイチローとは視線を合わせたくはありません。視線を合わせたら最後、平常心を失って力のないボールを投げてしまい、イチローの餌食《えじき》になってしまうからです。

幸か不幸か私自身は、イチローの「鋭い目」を体験していません。試合前の

バッティング練習の一番の目的は、自分のバッティングフォームを確認したり、微調整することにあります。イチローの意識はピッチャーのほうには向いておらず、自分自身のバッティングのほうに向いています。

ですからバッティング練習のときのイチローは、そこまで鋭い目はしていませんでした。とはいえ、まったく野球から離れているときの目と比べれば、充分に鋭い目でしたが……。

イチローが、プロのピッチャーでさえ縮《ちぢ》み上がってしまうような鋭い目でバッターボックスに入れるのは、試合のときには常に無の境地に達しているからだと思います。ほかの雑念は一切なく、ただそのピッチャーを仕留めることのみに意識を集中しているから鋭い目になるのです。

人は迷いがあると、無心で相手と向き合うことができなくなってしまいます。

たとえばスランプに陥っており、そのことを引きずったままバッターボックスに入っている選手がいたとします。こういうときは「下半身がうまく使えていないな」とか「体が前のめりになっているぞ」といったように、自分の状態のことばかり考えてしまいがちですから、相手ピッチャーに意識を向けることができません。

そのため精神的にも相手ピッチャーのほうが優位に立ってしまい、ますます凡打を繰り返すことになってしまいます。

これに対して、イチローが試合のときにいつも無の境地に達することができているのは、「考えなくてはいけないことは、すべて練習のときに考え尽くしている」からです。

毎年プロ野球では、シーズン前の春先にキャンプが行なわれます。このときイチローは、どうすれば自分のバッティングをさらに技術的に進化させることができるか、自分なりに課題を持って臨んでいると思います。

「こうなりたい」というイメージを頭に思い描いたら、どうすればその技術を身につけることができるかを考え抜き、そして完全に体得できるまで徹底的に自分の体に叩き込んでいきます。

キャンプのときのイチローの練習時間が、三時間や四時間に及ぶことがあるのはそのためです。

自分が求めるバッティングを体に徹底的に叩き込んでおくと、いざ試合になったときに、体が勝手に反応してくれるようになります。練習のときに考え抜いたうえで体に染みつかせているからこそ、試合のときには何も考えなくてよくなるわけです。

だからバッターボックスに入ったときのイチローには、何一つ雑念はありません。「鋭い目」で、自分の目の前に立ちはだかっているピッチャーを仕留めることのみに専念できるのです。

1-4 イチローはいまも成長を続けている

◉二〇一一年以降、イチローが不振に陥ったワケ

イチローがメジャー史上初となる十年連続二〇〇本安打を記録したのは、二〇一〇年のこと。ちょうど私がカル・リプケン十二歳以下世界少年野球大会に出場した選手たちと一緒に、イチローの試合を観戦した年です。

ところがイチローの成績は、その翌年の二〇一一年から急降下します。この年イチローは、メジャーリーガーになって初めてシーズン打率が三割を切り、連続二〇〇本安打の記録も途切れました。またやはり十年連続で選ばれ続けてきたオールスター戦にも選出されませんでした。

日本のスポーツ新聞は「どうした？　イチロー」と書き立てました。私も「イチロー、調子が悪いなぁ。不安だな」という思いが強くなり、やがていて

もたってもいられなくなりました。そこで妻と二人で当時イチローが在籍していたマリナーズの試合を観に行くことにしました。

マリナーズには、以前私がバッティングピッチャーをしていたときに、オリックスの球団関係者だった方が何人か働いています。事前に「観に行きますから」と連絡をしたところ、その方のはからいで試合前に妻と二人でグラウンドに下ろしてもらい、そこでイチローと再会することができました。

私が妻を紹介すると、イチローは帽子をとって礼儀正しく「はじめまして」と妻にあいさつをしてくれました。妻は「あのイチロー選手が、私に頭を下げてあいさつをしてくれた！」とすっかり感動していました。それはそれで思い出深い出来事だったのですが、なにぶん試合前ですから、それ以上深い話はできません。

試合が始まり、私はイチローがバッターボックスに入るたびに、彼の様子を食い入るように見つめました。そして「ああ、やっぱり昔のバッティングフォームではなくなっているな」と感じました。

イチローのバッティングの特徴は、ボールにバットを当てるミートポイントが誰よりも前にあるということです。そして体重をボールに乗せて、鋭く打ち返します。

ところがこの年のイチローは、ピッチャーが投げたボールがキャッチャーミットに近づくまで、できるだけボールを長く見るようになっていました。つまりミートポイントが後ろに（体に近く）なっていたのです。するとどうしても差し込まれることが多くなります。またバッティングが窮屈になっていて、前の肩が早く開いていました。「これでは打てなくなっても仕方がないよな」と私は思いました。

もちろんイチローですから、「自分でも気がつかないうちに、いつの間にかバッティングフォームが崩れていた」ということはないはずです。おそらく意識的に変えたのでしょう。

メジャーリーグのピッチャーが投げるボールは、速球系の球でさえ細かく変化します。変化に対応するためには、できるだけ打つポイントを近くして、ぎりぎりまでボールを見極めたほうが有利です。きっとイチローもそう考えたのではないのでしょうか。しかしポイントを近くしてしまったために、けっして体格的には恵まれていないイチローの力ではきれいに打ち返せなくなっていました。

また打つポイントを近くしたのには、動体視力の衰えへの対応ということもあったのかもしれません。プロ野球の世界で長く一流選手として活躍した方にお話を伺うと、みなさん「歳をとると、直球よりも変化球のほうが打ちやすくなる」と言います。年齢とともに目が衰えて、直球のスピードについていけなくなるというのです。

日本のプロ野球のピッチャーは、一五〇キロ台のボールを投げれば速球派と言われますが、メジャーには一六〇キロ前後の速球を投げられるピッチャーも珍しくありません。メジャーのベテランの選手にとって、速球への対応は日本以上に難しくなります。

これまでイチローが誰よりも前でボールを捉えることができていたのは、優れた動体視力を備えていたからです。しかし今後動体視力が衰えていくことを考えると、これまでのスタイルを変えて、ミートポイントを後ろにする必要があるとイチローは判断したのだと思います。

前にも述べたように、イチローはこれまで毎年のようにフォームを変えてきました。それはイチローの中に「こうなりたい」というイメージがあって、そのイメージに向けて自分を進化させてきたためです。今回のフォームの変更も、イチローにとってはそうした進化の一つだったと思います。しかしその進化が狙い通りにいかず、それが打撃の低迷につながったと私は分析しています。

イチローのバッティングフォームは、二〇一二年以降もずっとポイントが近いままでした。二〇一三年の打撃成績は、メジャーに移籍してから過去最低の一三六安打、二割六分二厘に終わってしまいました。

しかしイチローはその年のシーズン後にNHKテレビの特集番組に出演したときに、「シーズン終盤の最後のボストン遠征のときに、ある手応えを摑んだ」と語っていました。そしてイチローがそう語っているときのテレビの画像には、ボストン・レッドソックス戦でイチローが誰よりも前でボールをミートする打ち方で、ショートの頭上を越えるきれいなヒットを放つシーンが映し出されていました。それはまさに本来のイチローらしいヒットでした。

またイチローはその番組で、こんなふうにも話していました。

「僕にしかない技術が存在するんです。それを殺しながらやっていたのが二〇一三年のシーズンでした。けれどもやっぱり自分が持っている一番の技術を活かす。それを失ってしまったら、ただ平凡になってしまうことがはっきりとわかりました」

「僕にしかない技術」が何なのかについては、イチローは番組の中でははっきりとは語りませんでしたが、私はそれは「誰よりも前でボールをミートする技術」だと思っています。

事実二〇一四年シーズンのイチローは、一時期と比べて明らかにボールを前でミートしていました。それに伴って、打撃成績も再び上向きになりました。規定打席には達していないものの、チームの中ではトップクラスの打率を残しています。チーム事情から先発を外れることも多く、コンディションを維持するのが難しい中で、これだけの成績を挙げたのは立派なことだと思います。

もちろんイチローも四一歳ですから、これからは一年一年が勝負になってきます。全盛期のような活躍は、もう望めないかもしれません。しかし私はレギュラーとして使ってもらえれば、年間を通して二割八分前後の成績を残し、一八〇本前後のヒットを打つ力はまだ十分にあると見ています。

◉出場機会が減っても、けっして準備を怠らない

いまのイチローは、「レギュラーの座が確約されていない」というこれまでに経験したことがない環境の中でプレーをしています。ベンチを温める場面も増えてきました。

これは長年トッププレーヤーとして活躍してきた選手にとっては、とてもつらいことだと思います。「まだまだ俺はやれるはずなのに、なんで試合に使ってくれないんだ」と首脳陣に反発をしたり、あるいは「もう俺も四十歳を過ぎたし、そろそろ潮時かな」というふうに野球に対する情熱を失ったとしても、普通はおかしくありません。

しかしイチローがすごいのは、たとえ先発を外された試合でも腐ることとな

く、いつ監督から途中出場を命じられても万全なコンディションでプレーができるように、常に準備を怠らないことです。

いまの彼は「まず試合に出ること。そして試合に出たら、持っている能力を最大限に発揮すること」を一番の目標にしていると思います。これはメジャーリーグで十年連続二〇〇本安打を打ってきた選手の目標としては、低いものに感じるかもしれません。「まず試合に出ることが目標」だなんて、メジャーでの実績がまったくない選手が掲げる目標のようです。

しかしイチロー自身はこの目標を低いとは考えていないはずです。イチローは過去の栄光に縛られることなく、いまの自分の状態や、チーム内における自分の評価を受け入れたうえで、「いま、自分として精一杯できること」を考えられる人だからです。

先ほど紹介したNHKの特集番組の中で、ヤンキースでイチローの通訳兼トレーニングパートナーを務めているアレン・ターナーさんが、こんなエピソードを話していました。

二〇一三年の最終戦のことです。既にヤンキースはプレーオフに出場できないことが決まっていたので、ベテラン選手は出場せず、若手中心でオーダーを組んでいました。イチローもスターティングメンバーには入っていませんでした。

この日、ベテランの選手たちは試合に出る予定はまったくなかったため、スパイクを履いておらず、ユニフォームさえ着ていませんでした。もうシーズンが終わったような気持ちでいたわけです。ところがイチローだけは、最後の最後までずっと試合に出る準備をしていたといいます。たまたまその試合は延長十四回までもつれたのですが、十四回表にはイチローはバットを持ってベンチの裏で素振りをしていました。その様子を見て、ベテラン選手も若手選手もみんながびっくりしたそうです。

「あれがイチローさんです」と、ターナーさんは語ります。

「失敗したときでも成功したときでも、サヨナラホームランを打ったときでも、三振をしたときでも、何があってもコンスタントにやり続けているからこそ、日米通算で四〇〇〇本安打という数字を残すことができたんじゃないかと思います」と。

私も、それがイチローだと思います。首位打者をとったときでも、いまのように控えに回ることが多いときでも、慢心することもなければ腐ることもなく、自分を鍛え続けることができる。練習中も手を抜かずに試合に備えることができるのがイチローです。

もちろん満足に試合に出させてもらえないいまの状況が苦しくないはずがありません。そんなイチローを支えているのは、「いまが一番苦しいからこそ、自分との戦いに負けたくない。負けてはいけない」という気持ちではないかと思います。

イチローはこれまでルーティンをとても大切にしてきました。試合のある日には、毎日同じ時間に球場に入り、同じ内容の練習に取り組んでいました。その日の気分で練習メニューを変えるようなことはありません。自己管理が徹底しています。

そんなイチローが、もし出場機会が減ったからといって気持ちが切れて、試合に向けた準備をおろそかにしてしまうことがあるでしょうか。ターナーさんが言うように「何があってもコンスタントにやり続けてきた」からいまのイチローがあります。たゆまぬ努力と準備を放棄してしまったら、もうイチローではなくなります。

人間は結果が出ているときの努力よりも、結果が出ていないときに努力を続けるほうが数倍苦しいものです。イチローはいま、その苦しみと向き合っています。私はその苦しみが、イチローをさらに人間的に成長させるのではないかと思っています。

そんなイチローの姿勢を、チームメイトが見ています。チームメイトのなかには、当然二〇一三年にヤンキースに入団した田中将大も含まれています。すべての選手がそうであるように、将大もまた年齢と戦わなくてはならないときが確実にやってきます。そのときにはいまのイチローの姿勢が、将大にとってきっとお手本になるはずです。

イチローはレギュラーが確約されていないいまも、周りの人たちに強い存在感を示し続けています。

2章

「イチローの恋人」から少年野球指導者へ

2-1 裏方だったからこそ見えたことがある

◉周りは信じなくても「プロに行く」と努力し続けた

プロローグでも書きましたが、私の高校時代を知る知人は、「奥村はもしかしたらプロに行けるかもしれない」なんて誰も想像していなかったと思います。

私が通っていた高校は、市立尼崎《あまがさき》高校といって、公立高校の中では兵庫県でも強豪とされていました。私が入学する五年前には、後にヤクルトスワローズで活躍することになる池山隆寛《たかひろ》さんを擁《よう》して甲子園に出場したこともあります。

ただし私自身は高校時代、最後までエースナンバーの「1」はつけさせてもらえませんでした。三年生の最後の夏に与えられた背番号は、控え選手の番号である「10」でした。

しかしそれでも私は三年間、「将来はプロ野球選手になるんだ」という目標をずっと持ち続けていましたし、実際に三年生のときには「プロが夢ではなくなってきたぞ」という手応えも掴んでいました。着実に成長している自分を実感していたからです。

当時、同じチームの同級生にはもう一人、好投手がいました。入学時の能力は、たしかに私のほうが彼よりも劣っていたと思います。しかし私は持ち前の負けん気で、「絶対に追い越してやろう」という気持ちで練習に励みました。

その結果、三年生の春には一四〇キロ近いストレートをコンスタントに投げられるようになっていました。三年生になってから引退するまでは、一試合当たり平均一〇個以上の三振を奪っていましたし、防御率も〇点台に抑えていました。またコントロールも良く、フォアボールも、一試合に一つ出すか出さないかぐらいでした。

ですから三年生のときは、練習試合でも公式戦でも、打たれたという記憶がほとんどないのです。自分としては同級生のライバルには「絶対に負けていない」という自信がありましたし、実際、エースナンバーをもらえてもおかしくなかったと思います。

とはいえ「いますぐプロがドラフトで指名するレベルだったか」というと、客観的に見ればそのレベルにまでは達していませんでした。当時、私のピッチングを見た人からよく言われていたのが「いいボールは投げるんだけど、ちょっと体が小さいよね」ということだったのですが、それが的確な評価だったと思います。

もちろん、身長は低くても一五〇キロ近い速球をびしびし投げるようなピッチャーであればプロも注目したでしょう。

またPL学園高校から読売ジャイアンツに進んだ桑田真澄《くわたますみ》さんのように、体格的にはさほど恵まれていなくても、甲子園で抜群の成績をあげていれば、プロが放っておくはずがありません。あるいは大学野球や社会人野球で実績を残していれば、ドラフトの対象になったと思います。

しかしそのいずれでもなかった私が、高校を出てすぐにプロにスカウトされるというのは、あまり現実的なことではありませんでした。

ただ当時を振り返って間違っていなかったと思うのは、周りの人間が「奥村はプロに行くかもしれない」なんて誰も想像していなかったとしても、自分自身は「プロに行くんだ」という強い意識を持って野球に取り組んでいたことです。

イチローが小学校のころから、「一流のプロ野球選手になる」という夢を抱いて毎日厳しい練習をしていたという話は有名ですが、イチローに限らずプロ野球に入った選手は誰でも、中学生や高校生のころから「プロ野球選手になるんだ」という強い意志を持って野球をしています。「気がついてみたら、なぜかプロ野球選手になっていた」なんて人は一人もいません。

「プロ野球選手になる」という目標ができると、現実の自分とのギャップが見えてきます。プロから注目されているピッチャーと、いまの自分との差を意識するようになります。

そしてギャップを埋めるために、どんな努力や工夫が必要なのかを、頭をフル回転させて考えるようになります。すると同じ努力でも、ただ漠然とする努力とは質が違ってきます。

私の場合は、ボールのスピードや球威では、体格の良いピッチャーにはなかなか勝つことはできません。そこで、球のキレやコントロールを磨くことに力を注ぎました。また、バッター心理の裏をかくようなクレバーなピッチングができるようになることを目指しました。

たとえば試合中にマウンドで投げているとき、私はバッターと対戦しながら、必ずネクストバッターズサークルで素振りをしている次のバッターもチェックしていました。

その素振りを見れば、彼が次の打席でどんなボールを待っているか予想ができます。外角高めが得意なバッターであれば、外角高めをミートすることをイメージして、素振りをしているものだからです。そして実際にバッターが打席に入ったときには、相手が待っているボールをわざと外した配球をするわけです。

そんなふうに私は球のキレやコントロール、打者との駆け引きで勝負できるピッチャーになることを目指しました。そして高校に入ったばかりのころは、あくまでも「夢」のレベルに過ぎなかったプロ野球が、「夢ではないかもしれない」と思えるところまで近づいてきたのです。

◉努力を続けていると、周りが自分を応援してくれるようになる

強い目的意識を持って物事に取り組んでいると、周りの人も自分のことを応援してくれるようになります。また自分が頑張ることで、周りの人にも良い影響を与えることができるようになります。

高校を卒業した後、私は学校の紹介でいったんは地元企業に就職しました。その企業には軟式野球部があって、「これからはうちも野球に力を入れたいから、ぜひ来てくれ」ということだったのですが、実際に入社してみると、とても野球ができる環境は整っていませんでした。

野球部のメンバーのほとんどが営業職。残業が多いため、練習時間にグラウンドに集まることができません。そのため私は、誰もいないグラウンドでたった一人で練習するという日が何日も続いたのです。

「このままでは不完全燃焼に終わってしまう」と思った私は数カ月で会社を辞め、大工をしていた父の職場でアルバイトをしながら、母校のグラウンドで後輩たちと一緒に練習をさせてもらうことにしました。そこで力を磨きながら、シーズンオフに行なわれるプロ野球の入団テストを目指すことにしたのです。

一年目に受けたのは、巨人、阪神、中日、ダイエー、オリックスといったチーム。

いずれも二次試験まではクリアできたのですが、数人に絞られて行なわれる最終選考で落とされました。私が投げるスライダーや一四〇キロ台のストレートについては評価をいただいたのですが、これまでも話してきたように、「身長がもう少し高ければね」というのが不採用の理由でした。

私は翌年、もう一度入団テストを受けるために、母校で練習を続けることにしました。

すると私がプロを目指していることを知っている後輩たちが、私のことを応援してくれるようになりました。また私が頑張っていることが、後輩たちにとっても刺激になっているようでした。

その年の市立尼崎高校はなかなかの強豪で、秋の大会では近畿大会まで勝ち進み、もう一歩で選抜の甲子園に手が届くところまで来ていました。

その大事な近畿大会で好投手を擁するチームと対戦したときに、後輩たちが口々に「自分たちは練習で奥村さんのボールを打ってきたのだから、こんなピッチャーのボールが打てないわけがないだろう」と話し合っていたというのです。

そのエピソードを後日監督から聞いたときに、「これまで僕は自分のためと思って母校で練習してきたけれども、それは後輩のためにもなっていたんだな」ということを実感しました。

逆に後輩のおかげで、自分が励まされたこともあります。

当時、野球部には、オリックスの二軍でバッティングコーチをしていた河村健一郎さんの息子さんが所属していました。後にイチローと二人三脚で振り子打法の完成に取り組むことになる、あの河村さんです。

息子さんは河村さんに、「高校の先輩に奥村さんという人がいて、プロ野球のピッチャーになることを目指して頑張っているんだ」という話をしてくれていたようです。ある日私は、市立尼崎高校の練習を見学に来ていた河村健一郎さんから声をかけられたのです。

「入団テストを受けるんだってな。いいボールを投げるじゃないか。その調子で頑張れよ」

これは私にとって大きな励ましになるとともに、自信にもなるひと言でした。

実は私は、この河村さんとの縁でオリックスのバッティングピッチャーを務めることになります。

二年目、私は巨人、阪神、広島、オリックスの入団テストを受けたのですが、結果はやはり不合格でした。しかしオリックスの入団テストの最終選考で、私のピッチングを見ていた河村さんが、「選手として採用するのが難しければ、バッティングピッチャーとして採用できないか」と球団に進言してくださったのです。

河村さんと出会っていなければ、私はオリックスのバッティングピッチャーにはなっていません。当然、イチローと会うこともありませんでした。イチローもまた河村さんがいたからこそ、振り子打法を完成させることができたのです。

つくづく「縁って不思議だな」と思います。けれども、もし私が「プロ野球選手になるんだ」という目標を最初から簡単にあきらめてしまっていたら、この縁はありませんでした。

そう考えると縁というものは、努力を続けているからこそ呼び込まれてくるものだとも思えます。

◉プロの世界で、さらに「自分が生きる道」を考える

オリックスからの誘いを受けて、私がバッティングピッチャーになることを決意したのには、「プロへの道が開かれるんじゃないか」という思いもありましたし、「自分がプロで本当にやれるのか、プロのレベルを実感したい」という気持ちもありました。

実際にプロのピッチャーを身近に見て感じたのは、二軍についてはは「自分のほうが実力的に上だな」と思えるピッチャーが意外に多いということでした。

しかし一軍の主力ピッチャーとなると、違います。ボールの速さやキレという点で、「これは自分がどんなに努力しても身につけられそうにないな」と思えるボールを投げているピッチャーが何人もいたのです。

当時、オリックスには星野伸之さんというエースがいました。プロ野球選手としては体が細く、ストレートも一三五キロぐらいしか出ないピッチャーだったのですが、球の出所が見えにくく、変化球が驚くぐらいに鋭く曲がります。バッターが「次はスローカーブだな」とわかっていても打てないぐらいでした。

星野さんがそういうボールを投げられたのは、天性の体の柔らかさを持っていたからだと思います。真似しようと思っても真似できるものではありません。素質としか言いようがないからです。

プロの選手と一緒に過ごすようになってから、私は高校時代以上に「自分が生きる道」を考えるようになりました。

自分は、一軍で毎年コンスタントに一〇勝以上あげるようなエースにはなれないかもしれません。彼らとは資質が違います。しかし二軍で投げているピッチャーよりは、キレのあるボールを投げている自信はあります。だったら一軍の先発ローテーションに食い込むのは無理でも、中継ぎで短いイニングを任せてもらえるピッチャーになら、なれるのではないかと考えたのです。

そうなるために必要なのは、変化球を磨くことです。私の決め球はスライダーだったのですが、そこにさまざまな球種を加えることで、バッターの目線を惑わせて抑えていけるピッチャーになろうと思ったのです。

そこで私はバッティングピッチャーとして毎日イチローや田口選手に投げるのとは別に、自分のための練習もしっかり行なうようにしていました。

プロ野球というと、「天性の才能で勝負する世界」という印象があるかもしれません。

しかし決して体格的に恵まれているわけではないし、すごいボールを投げたり、遠くへ打球を飛ばせるわけではないのだけれども、プロで成功する選手もいます。

私が西武ライオンズでバッティングピッチャーをしているときに、高木浩之選手が一軍に上がってきました。私と同い年の選手ですが、大学を出てからプロ入りしているので、当時は二年目でした。

彼を相手に投げたとき、私が正直に抱いた感想は「一軍に定着するのはちょっと厳しいかもしれないな」というものでした。私はこれまでイチローを始めとしたトップレベルのバッターに投げてきましたから、彼らと比べると当時の高木選手のバッティング技術は雲泥の差だったからです。

しかし高木選手は、私の予想を覆《くつがえ》して一軍で活躍します。ホームランを量産したり、打率三割以上をマークしたりといったことは無理でも、確実にランナーを進めたい場面でバントをきっちり決めたり、堅実な守備でピッチャーを助けるといったことができたからです。やがて彼は、セカンドのレギュラーを獲得します。

おそらく彼はプロ入りしたときに、当時西武にいた清原和博さんや松井稼頭《かず》央《お》選手と比べて、「持って生まれた才能という点では彼らには劣る。では自分はどうやってこの世界で生き残っていけばいいのだろう」と必死になって考えたのだと思います。そして「自分が生きる道」を探った結果、レギュラーを摑むところまで来たのです。

同じように「自分が生きる道」を探ることで長く活躍した選手に、広島や巨人で活躍した木村拓也さん（二〇一〇年四月にくも膜下出血で急逝）がいます。木村拓也さんも私と同い年。彼は昭和四十七年生まれの野球選手で作っている「プロ野球４７年会」の会長を務めており、私が事務局を担当していましたので、お互いによく連絡を取り合っていました。

木村さんも、プロ野球選手としては決して体格的に恵まれてはいませんでした。

ちょうど二〇〇九年に現役を引退した直後、彼は私と会ったときにこんな話をしてくれました。

「僕はこれまで、『やっぱり木村拓也が必要だ』とチームから思ってもらえる存在になるにはどうすればいいかだけを考えながら、ずっとプレーしてきたんだ。それが、こんな小さな体でも長く現役を続けてこられた一番の理由だと思うよ」と。

彼は現役時代、同じポジションにレギュラーとして定着することはできませんでした。しかし主力選手がケガをしてしまったときや、選手のコマが足りなくなったときなどに、複数のポジションを守れる選手として貴重な働きを見せていました。

彼はいつどこのポジションに起用されてもいいように、常にベンチにさまざまなグローブ（一塁手用や二塁・遊撃手用、三塁手用、外野手用など）を用意していたというのは有名な話です。

「困ったときには木村拓也がいる」とチームから思ってもらえる選手だったからこそ、スター選手がずらりと揃っている読売ジャイアンツの中で、存在感を発揮できる選手たり得たのだと思います。

彼が現役を引退してジャイアンツのコーチに就任すると聞いたとき、私は「きっと、その豊富な経験を今度は選手指導に活かしてくれるんじゃないか」

と期待していました。それだけに早く亡くなってしまったのは、残念で仕方がありません。

これはプロ野球に限らずどんな組織でもそうだと思いますが、チームは才能あふれる人間だけで成り立っているわけではありません。資質や能力では足りない部分があっても、あきらめることなく「自分が生きる道は何か」を探っていけば、必ずチームの中で生きる道は見えてくるものだと思います。

私もオリックスでバッティングピッチャーを務めていた当時、そんなふうに考えながら、プロになることを目指していました。

◉大切なのは成功ではなく、そこで何を学び取るか

実は、豊かな才能に恵まれ表舞台ばかりを経験してきた選手よりは、何度も挫折を繰り返しながら「自分が生きる道」を探ってきた選手のほうが、深く物事を考えたり、物事の本質を見る力は身についていくのではないかと思います。そしてそれは後の人生に活きていくはずです。

また私の場合は、選手ではなくバッティングピッチャーだったわけですが、裏方だったからこそ学べたことも多かったように思います。

最近、オリックス時代にお世話になったある元選手の方が、私が監督をしている宝塚ボーイズの指導に来てくださるようになっています。その方が話されていたのが、「いま振り返れば、自分は現役時代は何も気がついていなかった」ということでした。

その方は現役を引退してから、プロ野球チームのコーチを務めるようになったのですが、コーチとして選手を指導するようになったときに初めて、「この選手の特性は何だろうか」とか「彼のバッティングの良い部分を伸ばすためには、どうすればいいいんだろうか」といったことを真剣に考えるようになったといいます。

「現役のころは自分しか見えていなかった。野球の深い部分が見えるようになったのは、むしろコーチになってからだ」

と話していました。

その点、バッティングピッチャーという裏方の仕事をやっていて良かったなと思うのは、野球というものをより広い視点から深く見ることができるようになったことです。裏方は選手をサポートするのが仕事ですから、選手のことを一番に考えるようになります。だから自分のことだけを考えているよりも、視野が広くなるのです。

たとえばスランプに苦しんでいるバッターがいたとします。こんなときバッターは何とかスランプから抜け出すヒントが欲しいものなのですが、同僚のバッターにはなかなか相談できません。チームメイトといえどもライバルだからです。

しかしバッティングピッチャーはライバルではありませんから、彼らも気軽に聞くことができます。

バッターが私によくしていた質問が、「自分のいまのバッティングを、ピッチャーから見てどう感じる?」というものでした。

実はチームメイトの中で、マウンドにいる立場からバッターを見ることができるのはバッティングピッチャーだけです。コーチは打撃練習のとき、バッテイングケージの後ろで打者のフォームやスイングを見ていますから、ピッチャーの視点から彼のバッティングを見ることはできません。

「ボールを打つときに、いつもより肩の開きが速くなっていないかどうか」といったことは、バッターの後ろにいるよりも、マウンドからのほうがよく見えるものです。だから彼らはよく私に「ピッチャーから見てどう感じる?」と聞いていたのです。

そんなふうに聞かれると、私もバッターのことを注意深く観察するようになります。すると知らず知らずのうちにバッターを見る目が鍛えられていきます。さらにバッターからさまざまな質問を受けることで、彼らが普段どんなことを考えているのかという打者心理も摑めるようになっていきました。

また私は当時、バッティングピッチャー以外に、試合中にビデオを撮ったり、配球をつけるといった係も担当していました。グラウンドから間近な場所で、比較的冷静な視点で選手たちのプレーが見られるわけですから、バッテリーの配球の組み立てや、ピッチャーとバッターの駆け引きを学ぶうえで、とても勉強になりました。

ある試合で、イチローがバッターボックスに入ったときのことです。配球をつけていた私は、イチローが前の打席に比べて、ほんの少しだけバッターボックスの後ろに立ってバットを構えているのに気がつきました。

そこで試合終了後に一緒に食事をしているときに、私はイチローに「あの打席のときだけ、なぜ立つ位置を変えたの?」と聞いてみました。

するとイチローは、「奥村さん、そんなところまで見ていてくれたんですか!」と喜んでくれました。そして、そのとき何を考えて打席に入ったのかを熱心に話してくれたのです。

これもバッティングピッチャーとバッターという気の置けない関係だからこそできた本音トークだったのかもしれません。

こうしたバッティングピッチャー時代の経験が、いま指導者として活動していくうえで貴重な財産になっていることは言うまでもありません。

私は結局プロ野球選手にはなれなかったので、そういう意味ではプロ野球の世界では成功できませんでした。けれども裏方として学んだことをいまに活かせているわけですから、「人生」という長い目で見ると、プロの世界に触れることができたのは、私にとって間違いなくプラスでした。

プロで現役時代に成功しても、引退後の人生が幸せでない人がいます。逆にプロでは成功できなくても、そのときの経験を活かして、以後の人生を豊かに生きている人もいます。

そのとき成功できるかどうかももちろん大切ですが、一番大切なのはそこで何を学び取るかということだと思います。これはプロ野球の世界の話だけではなく、どんな世界にも共通して言えることではないでしょうか。

◉最後の挑戦で、野村克也監督からのひと言

一九九四年のシーズンオフ、オリックスでバッティングピッチャーをしていた私は、三度《みたび》プロ野球の入団テストに挑戦することにしました。

本当はオリックスに入団できれば一番なのですが、その年のオリックスにはテスト生の入団枠がありませんでした。

他球団のテストを受けるためには、オリックスを退団する必要があります。

イチローや田口選手を相手に毎日投げるのはとにかく楽しかったので、彼らと別れるのはつらかったのですが、自分の夢を捨てることはできませんでした。

イチローは、「奥村さんのボールだったら大丈夫ですよ。ぜひ挑戦するべきです」と励ましてくれましたし、仰木監督も「不合格だったら、またうちに戻ってくればいいじゃないか」と一声かけてくださいました。

この年私は、阪神とヤクルトのテストを受けることになりました。ただし入団テストといっても、プロ野球未経験者の一般向けに行なわれるものではなく、他球団から戦力外通告を受けた選手向けのテストに参加できることになりました。

選手向けのテストであれば、大人数で行なわれる一般向けのものとは違い、コーチ陣にじっくり私のピッチングを見てもらうことができます。

しかしシーズン中、毎日のように一二〇球から一五〇球ぐらいの球数を投げていた私の肩や肘は、すでに限界に達していたようです。

「どうも肩や肘の調子がおかしいぞ」と違和感を覚えていた私は、痛み止めを飲んで阪神のテストに臨みました。

テスト一日目、痛み止めが効いたのか、私が投げるボールは走っていました。ストレートは一四四キロを記録しましたし、変化球のキレも申し分ないものでした。私のボールを受けてくれた阪神のキャッチャーの方も、「これだけの速球を投げるピッチャーは、うちにもあまりいない」と高評価をしてくださるほどでした。

しかしテスト二日目、私の肘に異変が起こりました。ピッチングテストもまもなく終わろうとしていたときに、肘に電気が走るような痛みが来たのです。

「これはまずいことが起きたかもしれない……」

不安に駆られた私は、さっそく病院を訪ねました。そこで医師から告げられた診断結果は深刻なものでした。

「肘の靭帯《じんたい》を損傷しています。しかも骨が欠ける寸前まで来ています。バッティングピッチャーならまだしも、今後、現役のピッチャーとして全力投球をするのは厳しいと思います」

さらに追い打ちをかけるように来たのは、阪神からの不合格通知でした。

自分の体のことを考えれば、次に行なわれるヤクルトのテストは辞退するべきだったのかもしれません。

何しろ私の肘は曲がったままで、真っ直ぐ伸ばすことができない状態でしたから。それに医師からは「現役は厳しい」と告げられています。またここで無理をしてしまったら、「今後、バッティングピッチャーとして投げることも難しくなるのではないか」という不安もありました。

しかし私は、入団テストを受けることにしました。私がヤクルトのテストを受けられることになったのは、ヤクルトに知人の先輩がいて、その方が私のためにいろいろと手はずを整えてくださったからです。その方の思いを無にするわけにはいきません。

「きっと、これが最後のプロ挑戦になる。悔いが残らないように楽しんでやってこよう」

と、私は思いました。

テスト当日、痛みを隠しながら投げる私のボールは、やはり力がないものでした。最速で一三〇キロちょっと。これでは話になりません。

「これですべてが終わった。私をヤクルトに紹介してくださった先輩にも悪いことをしてしまったな。でも、自分としてやれるだけのことはやったんだ」

私がそう思いかけていたときのことでした。キャッチャーの後ろで私のピッチングを見ていた野村克也監督（当時）が声をかけてきたのです。

「おまえ、野手はできないのか。ウォーミングアップのときから見ていたけど、いい走りをするじゃないか。キャッチャーからボールを受けるときのグラブ捌《さば》きだってなかなかのものだ。野手のテストも受けてみろよ」

そこで私は急遽、野手として入団テストを受けることになったのです。懸命に投げている私の姿を見て、野村監督は何か私に感じてくださるところがあったのかもしれません。

走塁テストでは、盗塁王をとったことがある飯田哲也さんと一緒に走りました。結果は同タイム。毎日走り込みを欠かさなかった成果が出ました。

守備テストでは内野の守備位置で必死になってボールを追いかけ、打撃テストでは高校時代以来、久し振りにバットを振りました。

室内練習場で並んで歩いていたとき、野村監督は私に向かってこう言いました。

「俺もテスト生から這《は》い上がって選手になったんだ。だから、おまえの気持ちがよくわかる。おまえが必死になっている姿が、俺にはよく伝わってくる。その必死さが大切なんだ。必死になってやっていれば、絶対チャンスは摑めるぞ」

すべてのテストが終わった後には、球団のマネージャーの方が私のところにやってきて、「監督があんなにテスト選手をしっかり見るなんて滅多《めった》にないことです。大丈夫、きっと採用されますよ」と太鼓判を押してくれました。

しかし、それでも結果は不採用でした。野村監督は「野手としてもセンスがある」と私のことを認めてくださっていたのですが、当時のプロ野球には「支配下選手登録は七〇人まで」というルールがありました。球団の方の説明によると、外国人選手を獲得することを考えると、私の採用を見送らざるを得ないということでした。

けれども私に悔いはありませんでした。ベストにはほど遠いコンディションでしたが、これまで自分が積み重ねてきたことのすべてを出し切って、それを野村監督に認めてもらえたからです。自分としては、それでもう充分でした。

こうして私のプロ挑戦は終わりました。

2-2 イチローから学んだことを若い世代へ

◉バッティングピッチャーからパーソナルトレーナーへ

仰木監督は「入団テストに挑戦して、ダメだったらまたうちに戻ってくればいいじゃないか」と言って私を送り出してくださったのですが、その後、球団の中から反対意見が出て、私はオリックスに戻れなくなりました。

そこで一九九五年は阪神で、九六年は西武でバッティングピッチャーを務めることになりました。しかし私はこのころから、「自分はこれからも本当にバッティングピッチャーを続けていくべきなのだろうか。続けられるのだろうか」ということを考えるようになっていました。

すでに「バッティングピッチャーから現役の選手になる」という夢はほぼ絶たれています。だからといって、このままバッティングピッチャーを続けるとしても、せいぜい五十歳ぐらいまでが限度です。その後の仕事をどうするかという問題があります。

また、バッティングピッチャーの中でも競争があります。プロで実績を残した方が引退後にバッティングピッチャーに転身するケースが多い中で、果たして自分がそういう人と競争しながら、この世界で生き残っていけるだろうかという不安もありました。

そして実はこれも大きな理由の一つだったのですが、毎日バッターを相手に投げながらも、私はどこか物足りなさを感じていました。イチローに投げていたころの充実感を味わうことができなくなっていたのです。

あのころ、私は、「今日もイチローに打ってほしいな。調子を維持してほしいな」という気持ちでイチローに対して投げ、試合中はイチローの一挙手一投足に注目していました。そして試合後は、イチローと食事をしながら野球談義を交わす。こんなに楽しい日々はありませんでした。イチローと一緒に高みを目指しているという実感がありました。

しかしその充実感は、もう望んでも手に入らないものになっています。

逆に言えば、もしあのままイチローの専属バッティングピッチャーのままだったら、私はもうしばらくこの仕事を続けていたかもしれません。

バッティングピッチャーを辞めるにしても、「大好きな野球の世界にはずっと関わっていきたい」という気持ちはありました。

そうした中で次の進路として浮かんできたのが、パーソナルトレーナーの仕事でした。当時、日本のプロ野球でも、科学的なトレーニングの重要性がようやく注目を集めるようになっていました。合理的なトレーニングによって選手の身体能力を向上させるとともに、ケガをせずに長く現役を続けられる体を作っていくことの大切さが認識されるようになっていたのです。

私自身、トレーニングには人一倍興味がありましたし、専門的な知識を身につければ、その分野のスペシャリストとして選手をサポートしていくことができます。

そこで私は九六年を最後にバッティングピッチャーを辞め、パーソナルトレーナーに転身することにしました。資格取得の勉強をしたり、メジャー流のトレーニング法を学ぶためにニューヨーク・メッツのキャンプに参加させてもらったりといった経験を積みながら、トレーナーの仕事をスタートさせたのです。

西武にいた高木浩之さんのパーソナルトレーナーは約八年務めましたし、ほかにも社会人や大学、高校の野球部、中学硬式野球チーム、大学の女子ソフトボールチームの選手たちのトレーニングメニューの作成・管理に、トレーナーとして関わる日々が始まりました。

◉子どもたちに教えるべきことを教えていない現実

パーソナルトレーナーとして、ある中学硬式野球チームの指導を頼まれたときのことです。ちなみに中学硬式野球チームというのは、中学校の部活動ではなく、学校外でクラブチームとして活動しているチームのことです。チームの練習は、平日は学校があるため土・日が中心になります。練習が始まるのは、だいたい朝九時ぐらいからです。

その日、私は練習開始に合わせて、早めにグラウンドに到着しました。監督やコーチはまだ顔を見せていませんでした。ふとグラウンドを見渡すと、私はちょっと信じられない光景を目にすることになりました。グラウンドの整備をしたり、道具の準備をしているのが、選手ではなく選手のお父さんたちだったからです。

やがて集合時間を過ぎてから、監督やコーチが現われました。そして監督やコーチは、練習もそこそこに選手のお母さんたちが用意したおにぎりを食べ始めました。朝ご飯なら、家で済ませてくればいいだけの話です。それなのに、なぜわざわざお母さんたちに用意させ、グラウンドで食べるのでしょうか。

「何なんだ、このチームは！」

と、そのときの私は思ったものです。

ところがパーソナルトレーナーとしていろいろな中学硬式野球チームを回っていてわかったのは、お父さんに道具の準備をさせたり、お母さんに食事を用意させるのは、このチームに限ったわけではないということでした。

中学硬式野球チームの場合、練習は休日が中心ですから、練習時間が限られています。だからお父さんたちがグラウンド整備や道具の準備をするのは、選手たちに余計なことをさせずに練習に専念させたいということなのでしょう。

またお母さんが監督やコーチのために朝ご飯を用意する理由は、監督やコーチ陣に少しでも気分良く指導してほしいということなのかもしれません。

いずれにしても、私から見れば信じられないことでした。

選手たちのほとんどは、将来、プロ野球選手になることはできません。学校を出たら普通の社会人として働くことになります。だから中学校時代に野球をすることの一番の目的は、野球を通じて、社会で生きていくための基本的なマナーを身につけたり、自分の行動に責任を持ち、困難に直面しても最後までやり遂げる力をつけることです。

それなのにお父さんに道具の準備をさせているようでは、そうした力は身につきません。またお母さんに朝ご飯の用意をさせるというのは、大人が悪い模範を中学生に見せているようなものです。

またこういう指導を受けて育ってきた子どもは、仮にプロ野球の世界に入ることができても、大成することはないと思います。

イチローは自分のグローブやバット、スパイクの手入れを、絶対に人にはさせません。いつも自分が手入れをしています。彼にとって野球道具は自分の体の一部です。だから、人に触られることによって、感覚に狂いが生じるのを恐れているのです。

二〇一〇年六月二日、シアトル・マリナーズのチームメイトだったケン・グリフィー・ジュニア選手が引退を表明した日、イチローはサヨナラヒットを放ちました。ベンチから一斉に選手たちが飛び出してイチローに駆け寄ってくる中で、イチローが最初にやったのは、自分のバットをほかの選手に踏まれないように手に持つことでした。

それぐらい道具を大切にするという習慣が体に染みついているのです。

だから、もしイチローが少年野球の監督だったとしても、絶対にお父さんにグラウンドの整備や道具の準備をさせたりはしないと思います。

また、プロは厳しい自己管理が求められる世界です。自己管理ができない選手は、誘惑に負けて練習で手を抜くようになり、技術的に伸び悩んで二流のまで終わったり、ケガで選手寿命を短くすることになります。

プロのスカウトも「この選手は自分を律する力があるか」というところをし

っかりと見ようとします。

先日もあるスカウトの方と話していたときに、ドラフト候補になっているある高校の選手についての話題になったのですが、「あの選手は練習に取り組む姿勢や基本的な生活習慣が身についていないから、このままプロに入っても成功しない。だからうちは、ドラフトでは指名しない。大学でどれぐらい変わるか見てみたい」と話していました。

ですから中学生のころから、親任せではなく、自分で物事に取り組み、やり遂げる力をつけさせていくことがとても大切になるのです。そうでないと、社会人としてもプロ野球選手としても通用しない大人を育ててしまうことになります。

◉宝塚ボーイズの取り組みを全国へ

中学硬式野球チームの現場をいくつか回るうちに、私は「このままではいけない」という気持ちが強くなりました。せっかく野球に取り組んでいるのに、野球から充分な学びを得ないまま高校に進んでいく中学生が多いと感じたからです。

そこで私はパーソナルトレーナーの仕事を続けながら、自分で中学硬式野球チームを立ち上げることにしました。将来、社会人として生きていくときに必要となる力を、選手一人ひとりが野球を通じて身につけているチームを作ろうと思ったのです。

私はこれまでの野球人生の中で、優れたプロ野球選手から、「どんな意識や姿勢で野球に臨むことが大切なのか」ということを学んできました。特にイチローは意識の高さという点でも、ずば抜けた存在でした。一つ年下の偉大な後輩であったイチローから私が学び取ったことを、今度は私が若い世代に伝えていかなくてはいけないという思いもありました。

私は妻と二人で「選手募集」のビラを作り、小学生の少年野球チームなどを回って配りました。また体験練習会を開催して、私が考えていた練習メニューや指導の仕方を子どもたちに体験してもらう場を設けました。

その結果、最初の年に入部してくれたのは九人でした。たった九人ではありますが、でも芯の強い九人でした。

何しろチームは立ち上げたものの、まだリーグにも所属していないし、練習グラウンドも確保できていません。人数が少ないから紅白戦さえ組むことができず、最初の一年間は練習だけの日々になります。

「それでもいい。奥村監督の下で野球がしたい」

と言って、入部してくれた選手たちでしたから。

翌年にはまた九人の選手が入ってきて、部員数は総勢一八人になりました。そこでボーイズリーグ（財団法人日本少年野球連盟）に宝塚ボーイズというチーム名で登録。これで大会にも参加できることになりました。

その後チームは順調に強くなっていきます。早くも創部三年目の春には、全国大会に出場し、ベスト８進出を果たしました。その噂《うわさ》を聞きつけて見学に訪れ、入部を決めてくれたのが、後に駒大苫小牧《とまこまい》高校から楽天ゴールデンイーグルス、そしてヤンキースに進むことになる「マー君」こと田中将大でした。

チーム力の強化という点では、まさに順風満帆《じゅんぷうまんぱん》な船出でした。

しかし私の少年野球に対する考え方については、最初のうちはなかなか周囲

宝塚ボーイズを指揮する著者

から理解してもらえませんでした。

　宝塚ボーイズでは、グラウンドの整備や道具の手入れは当然、選手自身が行ないます。しかしその様子を見た中学野球関係者の中には、「グラウンド整備なんて、親にやらせればいいじゃないか。そんなに親に楽をさせることはないんだよ」などと言う人がいたのです。

　こうした考え方を変えていくには、「宝塚ボーイズって、やっぱりすごいチームだよな。うちも見習わないといけないいな」と周りに認めさせていくしかありません。

そのためには勝つことも重要になります。どんなに理想を掲げたとしても、弱いチームのままだったら「あそこのチームは理屈ばかりこねているから弱いんだ」などと言われかねないからです。

宝塚ボーイズが強いチームであることが周りから認識されるようになれば、みんな「宝塚ボーイズとは、どんなチームなのか」を知りたがるようになります。

宝塚ボーイズの特徴が、「道具を粗末に扱わない」「しっかりと挨拶をする」といった基本を大事にすることや、「自分の行動に責任を持ち、自分で考えて行動することができる選手」や、「チームのために自分は何ができるかを考えることができる選手」を育てていることにあるとわかれば、ほかのチームもうちを見習うようになってくれるはずです。

ですから当時の私は、「強いチームを作ることだけが一番の目的ではない」と思いつつも、チームを強くすることに、かなりこだわっていました。

宝塚ボーイズの選手たち

早いもので、宝塚ボーイズを結成してから十五年が経ちました。田中将大が活躍していることもあり、少年野球の世界では名前を知られるようになりました。

少年野球の状況も、以前と比べればだいぶ変わってきたと思います。

二〇一〇年五月末～六月、報知旗争奪関西さわやか大会という、中学一年生の選手だけで戦う大会が開催されました。この大会で宝塚ボーイズは、入場行進のときの歩き方や試合中のマナーが優れているということで「さわやかマナー賞」を受けることになりました。

試合に取り組む姿勢やマナーが評価の対象となって表彰を受けるなんて、かつては考えられなかったことです。良い方向に風向きが変化しつつあると感じます。

私のこれからの目標は、宝塚ボーイズの取り組みを、自分のチームだけで終わらせずに全国に広げていくことです。そのため県外の少年野球のチームとも積極的に交流していますし、宝塚ボーイズの選手たちが小学生や幼稚園の子どもに野球を教える野球教室を開いたりしています。

私と同じような志を持ってチーム作りや選手育成に取り組む指導者が、これから一人でも二人でも増えてほしいと思っています。

3章

「考える力」「やり抜く力」を育てる指導論

3-1 「高い意識」と「自分で考える力」をつける

◉イチローのプレーは無理でも、イチローの意識なら持つことができる

ある高校野球の関係者の方が、宝塚ボーイズの練習を見学に来られたときのことです。その方は練習が終わった後、感心したようにこんな感想をおっしゃってくださいました。

「宝塚ボーイズの選手たちは、もしかしたらうちの高校の選手よりも高い意識を持って練習に取り組んでいるかもしれません。それに奥村さんって、相手は中学生なのに選手を子ども扱いしないんですね」

私にとっては、すごくうれしいほめ言葉でした。その方がおっしゃる通り、私は選手に対して「中学生だから」という気持ちでは接していないからです。

もちろん中学生に対して、高校生やプロ野球選手のようなプレーを求めるの

は無理なことです。それに中学生はまだ体が完成していませんから、彼らの発育段階に合った練習メニューや指導方法を考える必要があります。

しかし技術的には高校生やプロ野球選手に遠く及ばなくても、「意識」においてなら中学生でも彼らと同じレベルに達することは充分に可能だと思っています。極端な話、イチローのようなプレーをすることは無理ですが、イチローのような意識で試合や練習に臨むことは、中学生であっても不可能ではありません。

これは大人についてもまったく同じことがいえます。ビジネスの世界でも、抜きん出た能力を発揮している人がいるものですが、私たちはそういう人のことを「あの人は特別だから自分とは違う」と考えがちです。

たしかに、誰もが彼らと同じような実績を残すことは不可能かもしれません。しかし能力や技術面では及ばなくても、「意識」においてなら彼らと同じレベルで取り組んでいくことは充分可能です。そして高い意識で仕事に取り組んでいるうちに、自然と能力や技術も上がっていくものだと思います。

では、「高い意識を持って、練習や試合に臨む」とはどういうことなのでしょうか。

練習風景を見ていると、そのチームの意識レベルがある程度わかります。

練習で大切なのは、元気良く声を出すことですが、だからといって声が出ていればいいというわけではありません。選手があまり考えずに練習しているチームでは、「さあ、いこう!」「頑張っていこう!」といった単調な声がグラウンドに響き渡っているだけです。

ところが考えながら練習をする習慣があるチームでは、ある選手が集中力を欠いたプレーをしたときなどに、ほかの選手から「もう一回気を引き締めていくぞ!」といった声が飛び出します。そのときのチームの雰囲気や選手の姿勢によって、かける言葉が変わっていくのです。

こういったひと言が出るのは、選手が自分のことだけではなく、ほかの選手のこともしっかりと見ることができているからです。

また言われた側も「そうか、ちょっと気が抜けていたぞ」と気づきます。そして「いまこの練習で自分がやるべきことは何か」ということを自分の中で再確認して、再び練習に臨みます。

こんなふうに意識レベルの高いチームには、選手同士がお互いに意識を高め合う雰囲気ができあがっています。

個々の選手の意識レベルの高さについても、練習中や試合中のちょっとした行動を見ていればわかります。

二〇〇四年春、宝塚ボーイズから田中将大と山口就継《よしつぐ》の二人が、駒大苫小牧高校に入学しました。将大はもちろんのこと、山口も駒大苫小牧高校でレギュラーをとり、甲子園で活躍した選手です。

この二人が入学したばかりのころ、香田誉士史《よしふみ》監督（当時）が練習試合のときに「経験を積ませるために、今日は二人をベンチに入れてやろう」ということで、将大と山口をベンチ入りさせたことがありました。

試合が進み、香田監督が「ここは代打が必要な場面かな」と思ったときのことです。ふと将大と山口を見ると、二人ともすでにバットを持って準備をしていたというのです。

「奥村さんのところから選手が二人来て、一番びっくりしたのはあのことでした。一年生のときから、試合の展開を読みながら準備ができる選手なんて、なかなかいないもんですよ」

と、香田監督は私に話してくださいました。

たしかに将大と山口は、宝塚ボーイズにいたころから高い意識を持って野球に取り組むことができていました。チームの中でいまの自分に求められる役割は何なのかを、きちんと自分で考える力が備わっていました。

◉ミーティングは、考える習慣を植えつける絶好のチャンス

私が育てたいと思っているのは、高い意識を持ち、自分で考えながら練習やプレーができる選手です。

とはいえ、入部してきたばかりの選手に、すぐに「高い意識を持つこと」や「自分で考えること」を要求してもうまくはいきません。これまで自分で考える習慣を持たず、過保護に育てられてきた選手や、大人から言われたことだけをやってきた選手に、いきなり高いレベルを求めても、彼らとしては戸惑うば

かりになってしまいます。

そこで大切になるのは、選手が自分で考えるようになるきっかけを、こちらができるだけたくさん作ってあげることです。


選手が自分で考える習慣を持つようになるきっかけ作りの一つとして、宝塚ボーイズではミーティングをとても重視しています。特に雨の日はグラウンドが使えませんから、ミーティングに時間を充《あ》てる絶好のチャンスです。多い日は、三時間ぐらいをミーティングに費やすこともあります。

たとえば六月に行なったミーティングでは、私は一、二年生を集めてこう話しました。

「これから夏の選手権大会の予選と本大会が終わると、三年生の先輩たちは引退して、一、二年生主体の新チームが結成されることになる。新チームでの大会が始まるのは、九月半ばからだ。そのときに自分が二〇人のベンチ入りメンバーに選ばれるためには、これからの三カ月間どんな努力が必要になるか、それぞれ考えてごらん」と。

そして自分の考えをノートに書かせました。

ある選手は「自分の弱点は守備だから、ゴロをしっかりと捕球して一塁に送球できるようになりたい」と書き、またある選手は「一番バッターとして使ってもらうためには、もっと出塁率を高めなくてはいけない。そのために選球眼を磨きたい」と書いたりします。

もちろん中には、走攻守の野球の実力ではベンチ入りが難しく、そのことを自分でもわかっている選手もいます。そういう選手は「ピンチになってみんなが浮き足立っているときに、チームの雰囲気を変える励ましのひと言が言えるようになりたい」といったことを書いてきます。

ちなみに宝塚ボーイズでは、単純な野球のうまさだけで、二〇人のベンチ入り選手を選ぶことはありません。

二〇人のうち、野球のうまさで選ぶのは一五人ぐらい。残りの五人は、ベンチでムードメーカーになれる選手や、ランナーコーチ（一塁と三塁のコーチボックス内に立って、ランナーに走塁等の指示を出す役割のこと）として的確な判断ができる選手などを選びます。

チームとして勝ち進んでいくためには、レギュラーの力だけではなく、裏方としてしっかりと仕事ができる選手の存在が必要になるからです。

野球の実力だけでベンチ入り選手を選ぶわけではないことは、選手たちもわかっていますから、「自分は打つのも守るのもダメだから、どうせ努力してもムダだ」と最初からあきらめるようなことはなくなります。

ミーティングでは、「ベンチ入りするためには、どんな努力が必要になるか」をノートに書かせた後には、それを選手同士で見せ合って相互評価をさせます。「自分が見ている自分」と「他人から見える自分」は、得てして違うものです。本人としては「自分は足の速さが武器だ」と思っていたとしても、周りの選手は「たしかに足は速いけど、走塁技術はまだまだ」と見ているかもしれません。そこで、他者から評価を受けることで、もう一度自分を見つめる機会を設けるのです。

こうしたミーティングを続けるうちに、選手の練習に対する姿勢も変わってきます。

選手は自分の強みや弱みを、すでに自己評価や相互評価を通して把握できています。ですからレギュラーやベンチ入りを勝ち取るためには、自分の強みのどこを伸ばせばいいか、どんな欠点を補っていけばいいかが意識できるようになります。またチームにおける自分の役割も自覚します。

すると監督やコーチから言われたから練習をするのではなく、自分でテーマを持って練習に取り組むようになるわけです。

「今日の練習の目標は何?」と聞いても、口ごもって何も言えなかったような選手が、ちゃんと自分の言葉で目標を口にすることができるようになります。しかも自分の成長に合わせて、口にする目標もどんどん変わっていくようになるのです。

◉選手を萎縮させる叱り方ではなく、意識を高める叱り方を!

私はときどき高校野球や中学野球のチームから、「イチローの話をしてほしい」と頼まれて、高校生や中学生の前でオリックス時代のイチローの話をすることがあります。野球をしている子どもたちにとってイチローは憧れの存在ですから、みんな興味津々《しんしん》で聞いてくれます。

ところが私が話し終わって、「何か質問がある?」と聞くと、反応は大きく二つに分かれます。選手からどんどん質問が出てくるチームと、まったく出てこないチームがあるのです。

質問がどんどん出てくるチームの中でも強烈だったのが、甲子園常連校だった当時の駒大苫小牧高校の選手の前で話したときでした。一〇〇人ぐらいの部員を前に話したのですが、「何か聞きたいことはあるかな?」と尋ねたところ、なんと一〇〇人とも手を挙げたのです。すべての質問に答え終わったときには、一時間半が経過していたほどです。

「このどん欲さが、駒大苫小牧の強さの秘密なんだな」

と、私はすっかり感心しました。

一方、質問が出ないチームの場合、だいたい選手は監督の顔をちらちらっと見ているものです。監督の顔色をうかがいながら「質問したほうがいいのかな、それとも質問しないほうがいいのかな」ということを判断しようとしているのです。

失礼な言い方ですが、こういうとき私は「このチームにおける監督と選手の関係性がよくわかるな」と思ってしまいます。

きっと選手たちは監督から、かなり締めつけられているのでしょう。だからすっかり萎縮《いしゅく》して、自分の考えを表現できなくなってしまっているのです。

少年野球の指導者の中には、選手が怠慢なプレーやミスをしたときなどに、ただ罵倒《ばとう》するだけの人がいます。「アホ」とか「ボケ」とか「しっかり投げんかい！」といった罵声を選手に浴びせたりするのです。

これでは選手は、監督の顔色ばかりをうかがうようになって当然です。

もちろん指導者は、選手を叱《しか》るべきときにはしっかりと叱ることが大切です。しかしそこで欠かせないのは、自分がなぜ叱っているのかをきちんと選手に話すことです。

たとえば宝塚ボーイズであれば、選手がバッティング練習を終えたときには、スパイクで荒れた足場をきちんとならしてから、次の選手に代わることを徹底させています。もしこれができない選手がいたら、厳しく叱ります。けれども、ただ「足場をならせ！」と怒鳴りつけるのではなく、その理由をしっかりと言います。

「野球は自分一人でできるものではなく、みんなで協力しないと成り立たないスポーツだよね。だったら練習のときだって、自分のことだけを考えるのではなく、次に練習する選手のことも考えられなくてはダメだ。足場ができでこぼこのままだったら、次にバッターボックスに入った選手はどんな気持ちになる？」

というように話すわけです。

叱っている理由を説明することで、選手はなぜ自分が叱られたかを理解します。

またチームや監督が、野球に取り組むうえで何を大切にしているかという基準も摑めます。「野球は自分一人でやっているわけではない。チームのために自分は何ができるかを考えることが大事で、このチームではそれを大切にしているんだな」ということがわかれば、足場をならすこと以外のことについても、仲間と一緒に練習をするときの姿勢が変わってきます。つまり意識が高まっていくわけです。

そしてチームのために自分は何ができるか、自分からも積極的にいろいろと考えるようになっていくはずです。

叱るという行為は、選手を押さえつけたり萎縮させるために行なうものではありません。選手の自覚を促し、意識を高める叱り方をしていくことが大切だと思います。

◉「やる練習」と「やらされる練習」

私が「高い意識を持って、自分で考えながら野球に取り組むこと」の大切さを感じるようになったのには、イチローとの出会いが大きいのですが、パーソナルトレーナーとしての経験を広げるために、メジャーリーグのキャンプに参加したことも貴重な経験の一つになっています。

私が参加したのは、ニューヨーク・メッツのキャンプでした。当時メッツには、野茂英雄《のもひでお》選手と吉井理人《まさと》選手という二人の日本人が在籍していました。

キャンプ中、お二人と一緒に食事をしたときのことです。「日本の野球とアメリカの野球のどこが一番違うのか」が話題になりました。

二人の考えは、「コーチが違う」というものでした。

日本のコーチの場合、選手に対して「こうしなさい」とか「こうしたほうがいい」という指示やアドバイスをしていきます。

一方、アメリカのコーチの場合は、選手に対して「君は何がしたいんだ。君がはっきりと自分の考えを伝えてくれないと、私は君に対してアドバイスができない」と言うのだそうです。

だから選手は、自分の考えをしっかりと持っておくことが不可欠になります。自分はどんな選手で、これからどんな技術や能力を伸ばしていきたいのか。そのためにどんな練習が必要だと考えているのかをはっきりとコーチに主張できないと、メジャーリーグでは認められないというのです。

このメジャー流コーチングの良いところは、選手が練習に取り組むときの姿勢が、「やらされる練習」ではなく「やる練習になる」ところだと思います。

コーチから「こうしなさい」と言われてその通りにやるとなると、どうしても「やらされる練習」になってしまいます。自分で考えながら練習に取り組むという意識が持ちにくくなります。

けれども「君は何がしたいんだ?」とコーチから聞かれたときに、その質問に答えられないような選手は認めてもらえないという風土であれば、選手は目的意識を持って練習に取り組まざるを得ません。だから自然と「やる練習」になっていくのです。

メジャーリーグのキャンプは、一般に全体練習の時間が短いことで知られています。だいたい日本の半分ぐらいです。

しかしだからといって選手は、楽をしているわけではありません。

当時メッツには、「世界の盗塁王」といわれるリッキー・ヘンダーソンという選手が在籍していました。前年はオークランド・アスレチックスでプレーをしていましたが、この年メッツに移籍してきたのです。彼は現役時代に通算一四〇六個の盗塁を決めましたが、これはメジャー歴代第一位の記録です。

メッツのキャンプでは、全体練習が始まるのは朝九時半からでしたが、何とリッキー選手はいつも練習開始三時間前の六時半にはグラウンドにやってきて、一人トレーニングをしていました。驚いた私が「何でそんなに早く来ているんですか」と尋ねたところ、彼はこんなふうに答えてくれました。

「万全な状態で試合に臨むためには、準備が大切だよね。だから僕はいつも集合時間の三時間前にはグラウンドに来て、ウォーミングアップをしているんだ。僕が盗塁王であり続けられているのも、このスタイルを守り続けているからなんだよ」

するとキャンプが始まって一週間ぐらい経ったときのことです。「リッキーはいつも六時半にはグラウンドに来ているらしい」という噂を聞いた若手の選手たちが、リッキー選手と同じ六時半にグラウンドに集まってくるようになったのです。

「リッキーの調整法を知ることで、自分の練習にも活かしていきたい」

という、どん欲な思いからでした。

結局、練習時間は、日本のプロ野球のキャンプとあまり変わらなくなりました。しかし日本と違うのは、みんな自主的に練習に取り組んでいることです。「やらされる練習」ではなく「やる練習」ですから、当然中身の濃い練習になります。

日本の練習スタイルに慣れ親しんだ私にとっては、新鮮な光景でした。

メジャーリーグでは、選手の自主性が重視されます。しかし自主性を重んじられるというのは、選手にとっては大変なことでもあります。

なぜなら「やるもやらないも自分次第」になってしまいますから、自分で自分を律することができない選手は決して成功できないからです。

その点、日本流の「やらされる練習」であれば、意識が低い選手でも、言われたことをやっているうちに一定レベルまでは引き上げられていきます。しかしさらに高みを目指そうと思えば、「やらされる練習」から「やる練習」へとどこかで脱却する必要があります。

私は宝塚ボーイズの選手たちには、将来野球の道に進むにしても、野球以外の道を選ぶにしても、自分を律しながら、高みを目指して挑戦していける人間であってほしいと思っています。

また、いまの時代は社会でも企業でも、「会社や上司から言われたことをこなしている人間」ではなくて、「自分で課題を見つけて、課題に取り組み、課題を解決していける人間」が求められているといわれています。厳しい時代ですが、だからこそ、この時代をたくましく生きていける若者を育てていきたいと思うのです。

宝塚ボーイズが、高い意識を持ち、自分で考えながら練習やプレーができる選手を育てようとしているのはそのためです。

3-2 ピンチに動じない心を育てる

◉聖光学院高校・斎藤監督が掲げる「不動心」の考え方

私がいま、高校野球のチームの中でも注目しているのが、福島県の聖光学院高校です。二〇〇七年から二〇一四年まで夏の甲子園に八年連続で出場しており、二〇〇八年と二〇一〇年、二〇一四年にはベスト8進出を果たしました。春の選抜でも二〇一三年にベスト8入りをしています。

実は二〇一二年に聖光学院高校から阪神タイガースに入団した歳内《さいうち》宏明選手は、宝塚ボーイズの出身です。歳内以外にも宝塚ボーイズから聖光学院高校に進んだ選手は何人もいます。

ただし私が聖光学院高校に注目しているのは、単に宝塚ボーイズのOBがいるからだけではありません。

ある年の夏、私は甲子園の出場チームが大会前に行なう甲子園練習を見学するために、球場を訪れていました。

宝塚ボーイズのチームの中に「広島の広陵高校に進学したい」という選手がいたので、ちょうど甲子園で練習をすることになっていた広陵高校の練習を見学しようと思ったのです。チームの雰囲気や選手の姿勢は、練習風景を見るだけでも、ある程度摑めるものです。

ところが私の目が釘づけになったのは、広陵高校の後に登場した聖光学院高校でした。

選手全員がきびきびと行動しており、動きに統一感があります。またグラウンドに並べられたグローブやスパイクはしっかりと磨き上げられており、道具を大切にしているチームであることがわかります。

「これはほかのチームの選手とは、野球に取り組む意識が違うぞ」

と私は思いました。

一緒に見学に連れてきた選手の中にも「進学先として聖光学院に興味を持った」という者が出てきましたので、私は同校の斎藤智也監督に連絡をとって福島を訪ねてみることにしました。

斎藤監督からはいろいろな話が伺えたのですが、その中でも特に印象に残ったのが「不動心」という言葉でした。聖光学院高校ではいつも「不動心」を掲げて、練習や試合に取り組んでいるというのです。

斎藤監督は、ある新聞の取材で「不動心」について次のように語っています。

「野球はエラーなどの不確定要素が多く、運もつきまといますが、それを他人のせいや言い訳にする選手は使いません。社会を含めて不条理なことは多いけれども、どんな逆境に立たされても、チームや自分のための試練なんだと受け止められる度量を持つことが不動心であり、本来の力を出し切れる平常心にもつながると思っています」

たしかに野球選手にとって、「不動心」はとても大切だと思います。

野球では、最終回までリードしていたのに、選手が勝ちを意識するようになった途端にエラーやフォアボールが出て、逆転負けを喫するという試合がよくあります。これは不動心ができあがっていないからです。

またそれまで好投していたのに、味方の野手がエラーをしたり、審判が微妙な判定を下したことがきっかけで冷静さを失い、リズムを崩してしまうピッチャーも少なくありません。これも不動心ができあがっていないからです。

逆に不動心があれば、味方のエラーや審判のミスジャッジに動じることはなくなります。チームメイトが浮き足立っていたとしても、自分が不動心を持っていれば仲間を落ち着かせることもできます。

ですから野球では、選手が不動心を身につけているかどうかが勝負の分かれ目になることがとても多いのです。

もし不動心を養うことができれば、野球やスポーツをするときだけではなく、社会に出て仕事をするときにも必ず役に立つはずです。

どんな仕事も、思い描いた通りに物事が進むなんてことはまずありません。思わぬところから横槍《よこやり》が入って計画が頓挫《とんざ》しそうになったり、自分の責任ではないのに責任をとらされるといったことはよくあることです。こうした場面で、いかに心を乱されることなく最後まで不動心で取り組むことができるかが、物事を成し遂げるためのカギとなります。

また大切な商談やプレゼンの場面で、気持ちが浮き足立ってしまい、本来の力を発揮できずに終わってしまうといったこともあるのではないかと思います。こういうときも不動心を身につけられていれば、平常心で臨むことができるはずです。

ですから斎藤監督の「不動心」の考え方には、非常に共感する部分が多かったのです。

◉味方のミスを全部カバーするのが真のエース

斎藤監督と同じように、私も宝塚ボーイズの選手たちには「どんなに苦しい場面でも心を乱すことなく、いま自分ができるプレーを精一杯やることだけを考えなさい」という話をいつもしています。

しかし私自身のことを振り返ると、彼らと同じ中学生のときには、とても不動心が身についているとは言えませんでした。

中学校時代、私は一年生の秋からマウンドを任されてエースとして投げていました。一、二年生のときに、バックを守ってくれていたのは二、三年生の先輩たちです。「野球がうまい先輩たちが、自分を助けてくれている」という意識が強かったので、ときどき先輩がミスすることがあってもほとんど気にはなりませんでした。

ところが最上級生になって、バックを守るのが同級生になると、私の気持ちが変わりました。ちょっとでもエラーをすると、「何で、しっかり守れないんだよ」と苛立《いらだ》ちを覚えるようになっていたのです。「しっかり捕れよ。この下手くそが！」と口にこそ出しませんでしたが、態度には思いっきり表れていたと思います。

その様子に気がついたのが、たまたま試合を観戦していた私の父でした。

父は野球経験者ではありませんでしたが、大の野球好きでした。本当は自分も野球がしたかったはずなのですが、家が貧しかったため、家の手伝いをしたり、働くことを優先せざるを得なかったのです。ですから自分が果たせなかった夢を、息子に託しているという面もありました。

父は、野球に関するさまざまな気づきになる言葉を私に与えてくれました。

九八ページで私は、「ネクストバッターズサークルで素振りをしている選手の姿を見て、その選手への配球も考えながら投げていた」という話をしましたが、実は「そうしてみたらどうだ?」とヒントを与えてくれたのも父でした。

その父が、野手のミスにいちいち苛立っていた私の姿を見て言ったのが、

「そんなに周りの選手が信じられないのなら、おまえが全部三振をとって、おまえが一人でホームランを打って勝てばいいじゃないか。それができないんだったら、そんなに偉そうな態度はとるな!」

というひと言でした。

どんな豪腕投手でも、二七個のアウトを全部三振でとるなんて不可能です。またどんな強打者でも、すべての試合を自分の一振りで決めるなんて無理に決まっています。エースだって打ち込まれる試合もあれば、四番でもヒットが出ない試合もあります。つまり自分だってミスをすることはあるわけです。

だから「だったら、そんなに偉そうな態度はとるな!」と父は言ったのです。

野球に完璧はありません。ミスはつきものです。エラーは出るものと考えた

ほうがいいでしょう。

しかし守っているときに誰かがエラーをしてピンチになっても、ほかの誰かがカバーしてピンチを切り抜けることができれば、その回の失点は〇点です。だったらエラーが出たことにいちいち心を乱されるのではなく、ピンチを切り抜けることに意識を集中するべきです。

私は父の言葉に、素直に納得しました。「不動心」が身についたとまでは言えないかもしれませんが、その後は味方の野手のミスにいちいち心が揺れることはなくなりました。

私がよくピッチャーに話しているのは、「真のエースになりたければ、味方のミスは全部自分がカバーしてやるぐらいの気持ちで投げろ」ということです。

エラーをしてピンチを招いてしまった選手は、強い責任を感じているものです。でもピッチャーが動じることなく三振を奪ってそのピンチを切り抜ければ、ミスをした選手は気持ちが楽になります。そして再び平常心でプレーをすることができるようになります。

けれどもピッチャーが味方のミスに引っ張られてリズムを崩してしまうと、チームの雰囲気も悪い流れにのみ込まれることになります。試合は負けムードが濃厚になります。これではどんなにキレのあるボールを投げる好投手だったとしても、真のエースとは言えません。

野球では、自分の責任ではないのにピンチに立たされることがあります。選手にとってはこういうときこそ、いかに心を乱すことなく普段通りのプレーができるかが大切になります。

不動心を身につけていれば、ピンチを切り抜けることができるし、エラーをして落ち込んでいる仲間を救うことができます。そしてチームの雰囲気を変えることもできるのです。

◉調子が悪いときこそ、結果を残せる選手になる

二〇一〇年夏、当時聖光学院高校の二年生だった宝塚ボーイズＯＢの歳内が甲子園で投げていたとき、私はカル・リプケン十二歳以下世界少年野球大会に

出場した日本代表チームを指揮するために、アメリカ・メリーランド州にいました。彼が甲子園でどんなピッチングをするかがすごく気になっていたのですが、残念ながらこの目で見ることはできませんでした。

しかし彼の様子については、甲子園で取材をしている知人のライターさんからときどき連絡をいただいていました。二回戦、広陵高校を相手に一対〇で投げ勝った後、歳内を取材したそのライターさんから「歳内君、マー君と同じことを言っていましたよ」と電話がかかってきました。

歳内は広陵高校戦終了後に、報道陣に向かって「調子が悪かったんですが、粘り強く投げられたので、今日のピッチングは一〇〇点満点です」というコメントをしたようです。

たしかにこれとそっくりのコメントを、高校時代の田中将大もしたことがあります。

二〇〇六年の夏は、駒大苫小牧高校にとって史上二校目の三連覇がかかった年でした。しかしこの大会、エースの将大は明らかにフォームを崩していました。決勝で斎藤佑樹選手を擁する早稲田実業高校と当たるまでは、苦しいピッチングの連続でした。

そうした中で、将大も報道陣に向かって、「調子が悪いなりに試合を作ることができました」というコメントをしていたのです。

そのライターさんは、将大と歳内が同じようなコメントをしたことが印象に残ったらしく、「調子が悪い中でも粘り強く試合を作るという意識は、宝塚ボーイズ出身の選手の伝統なんですね」とおっしゃってくださいました。

たしかに私は選手たちにいつも、「調子が良いときに結果を出すのは当然のこと。調子が悪いときでもそれなりの結果を残す選手でないと、チームからは信頼されない」という話をしています。

ピッチャーであれば、調子が良いときには相手打線を完璧に抑えるが、調子が悪いときには大量点をとられてしまうというのでは、ベンチは安心してそのピッチャーをマウンドに送り出すことはできません。

調子が悪くてボールにキレがないときには、ヒットを打たれることが増えます。塁上にランナーを溜める場面も多くなります。しかしキレはなくても低めにボールを集めることができれば、長打を打たれて大量失点につながるリスクは減らすことができます。「調子が悪くても悪いなりの投球ができるピッチャー」とはそういうピッチャーです。

そのためには日ごろから、「調子が悪いときには、どんなふうに抑えるか」をイメージしながら練習に取り組むことが不可欠になります。「自分の決め球はスライダーだ」といった自分なりの武器を持っておくことは大切ですが、武器の切れ味がいま一つのときの対策をあらかじめ想定しながら練習するのです。

すると逆境に立たされても、ピンチに動じない選手になります。

◉悪い事態をシミュレーションしておく

私たちはよく想像もしなかった事態に直面したときに、「こんなことが起こるなんて想定外だった」といった言い方をします。けれども私は、すべてとはいいませんが、世の中で起きる多くのことは、あらかじめ予想できることなのではないかと思っています。

茨城県の強豪・常総《じょうそう》学院高校で長く監督を務められ、名将として知られた木内幸男《ゆきお》さんは、優勝候補のチームや実力が拮抗《きっこう》しているチームと対戦するときには、試合前日のミーティングで選手たちに「最悪のシミュレーション」を話すのだそうです。

「今度対戦するA校は打線が活発だから、序盤からうちのエースが打ち込まれ、四、五点はリードされる展開になるかもしれない。では、相手に試合の主導権を握られた状態でどう戦うか」といったように、悪い展開を想定し、対策を述べるのです。

すると、本番で実際に序盤からエースが打ち込まれ、リードを許す展開になったとしても、選手は浮き足立つことがなくなります。不利な状況に置かれるのは「想定の範囲内」のことだったからです。

チームは点をとられたからといって慌てることなく、継投策でこれ以上の失点を防ぎます。そして相手チームのピッチャーに疲れが出てきた後半戦に反撃に出て逆転する……とまあ、そういう勝ち方ができるわけです。

この話を知ってから、私も大きな大会に臨むときには、対戦相手ごとに最悪の事態を想定した話をミーティングで選手たちに話すようになりました。と同時に、「そういえば父親も仕事の現場で、木内監督と同じようなことをしていたなあ」と思い出しました。

前にも述べたように、私の父は大工でした。私もある時期、父と同じ現場で働きながら、プロ野球の入団テスト合格を目指していたことがありました。

仕事が始まるのは、いつも朝の八時半か九時ぐらいからなのですが、父は六時には必ず現場に行っていました。現場を見ながら「今日の仕事では、どんなところで作業が滞ったりトラブルが起きそうか。そのときにはどのような対策をとるか」といったことをシミュレーションしていたのです。

すると、実際に現場で作業が滞ったりトラブルが起きたとしても慌てなくなります。またあらかじめシミュレーションしていますから、速《すみ》やかで的確な対応もできます。

こうしたことは野球や大工の仕事に限らず、いろいろな場面に応用できそうです。

たとえば営業マンであれば、取引先と商談を進めているときに、「もしかしたら相手先の部長が、うちの商品を購入することを強硬に反対するかもしれないな」というように、あらかじめ最悪の事態を想定しておきます。

すると本当に部長から反対されたとしても落ち着きを失わなくて済みますし、対策も練っていますから、そこからの巻き返しも可能になります。

最悪の事態を想定しておくと、ピンチに動じなくなりますし、ピンチを切り抜ける力にもなるのです。

3-3 本気で言い合える関係が、チームと個人を強くする

◉西武ライオンズは、仲良し集団ではないからこそ強かった

私がオリックス・ブルーウェーブでバッティングピッチャーを務めていたのは一九九三年と九四年ですが、当時のオリックスにとって最大のライバルが西武ライオンズでした。

そのころの西武には、ピッチャーでは工藤公康《きみやす》選手や渡辺久信選手、バッターでは清原和博選手や秋山幸二選手、石毛宏典《ひろみち》選手といったように、そうそうたるメンバーが揃っていました。西武はこうしたメンバーで、九〇年から九四年にかけてリーグ五連覇を達成します。

一方のオリックスも、それなりに戦力は整っていました。しかしAクラス入りは果たすものの、優勝となると、いつも西武の厚い壁に跳ね返されていたの

です。

ライバル球団にいた私から見た西武は、ちょっと不思議なチームでした。

普通はどこのチームも、チームとしての一体感を高めるために明るい雰囲気作りを心がけるものです。選手同士のコミュニケーションも積極的に図ります。

しかし西武は違っていました。選手同士で仲良くコミュニケーションを図りながら試合に臨むという雰囲気があまり感じられなかったのです。試合前の練習でも、選手が楽しく雑談を交わしているような風景はほとんど見ることができませんでした。

そんな私が一九九六年、バッティングピッチャーとして西武のメンバーに加わることになりました。すでに工藤さんや秋山さん、石毛さんといった選手たちは他球団に移籍しており、黄金時代は終焉《しゅうえん》を迎えていましたが、それでもAクラスの戦力は保っていました。

西武に入った当初、私はさっそく球団の方に長年の疑問をぶつけてみました。

「ライオンズって、試合前に選手同士で会話を交わすのは禁止なんですか」

「何で？」と球団の方は聞き返してきました。

「だってみなさん、ほかの選手と言葉を交わすことなく黙々と練習していますから」

　すると球団の方は、「それはね」と教えてくれました。

「うちの選手たちはみんな仲が悪いんだよ。でも仲が悪くても強いのは、いざ試合が始まると、勝つために全員が同じ方向を向くからなんだ。つまり大人の集団なんだね」

　逆に今度は、私が球団の方から聞かれる番でした。

「奥村君は去年は阪神にいたんだよね。去年の阪神は弱かったよね。選手たちは、みんな陰でこそこそ愚痴を言ったりしていなかった？」

　たしかにその通りでした。前年、私は阪神でバッティングピッチャーをしていたのですが、チームは一三〇試合戦って四六勝しかできず、当然、最下位でした。

負けが続くと、チームはどうしても戦う意欲を失い、選手同士が愚痴を言い合うことでストレスを解消しようとする場面が多くなります。個々の選手を見れば、新庄剛志《つよし》さんや桧山《ひやま》進次郎さんのように能力が高い選手もいたのですが、組織としては正直言って「戦う集団」という雰囲気ではありませんでした。

その球団の方は、

「チームワークは大切。しかし仲良し集団であることと、戦う集団であることは、まったく別のことなんだ。うちのチームには、勝っても負けても愚痴を言う選手はいない。なぜなら自分がチームの中で何をやるべきかがわかっていて、みんなその役割を果たすことに懸命だから、愚痴なんて言っている暇がないんだ」とも言っていました。

西武がこれまで私が所属してきたオリックスや阪神と違っていたのは、ミーティングにしっかりと時間をとっていることでした。

パ・リーグでは当時から予告先発投手の制度を取り入れていましたから、その日対戦する相手チームの先発ピッチャーがあらかじめわかります。そのためミーティングでは、先発ピッチャーの分析や注意点、攻略法、予想される試合展開などが細かく話されました。

その話を聞きながら選手たちは、今日の試合で自分がどのような役割を果たす必要があるのかそれぞれ目標設定をしていきます。先発ではないけれど、リリーフやピンチヒッターで途中出場する可能性が高い選手なら、「どんな場面で試合に出ることになりそうか」「そのときに自分は何をすることを求められているか」などをミーティングで確認し、怠りなく準備をしながら、自分の出番が来るのを待つわけです。

レギュラーも控えも、全員が自分のやるべきことがわかっていて、やるべきことをやることに専念している。「これが西武の強さだったんだな」と私は思いました。

◉強い組織には、本気で言い合える関係ができている

当時の西武ライオンズには、より強いチームになるために、選手が同僚の選

手に対してあえて厳しいことを言う雰囲気もありました。

これは私と同い年であり、西武でセカンドを守っていた高木浩之さんから聞いたことなのですが、一軍での出場回数が増え始めたころ、高木選手は清原選手と練習をするのがつらかったそうです。

それまで西武のセカンドは、ゴールデングラブ賞（卓越した守備力があると認められた選手に贈られる賞）を八回も受賞した辻発彦《はつひこ》選手という名手が守っていました。ファーストを守っていた清原選手にとって、すぐ隣の守備位置を守り、好守備で何度もチームのピンチを救ってきた辻選手は、とても心強い存在だったと思います。

だから高木選手がセカンドを守り始めたころ、よく清原選手から「これまで誰がライオンズのセカンドを守っていたのかわかっているのか？　辻さんだぞ。おまえと辻さんとでは、全然レベルが違うじゃないか」と、事あるごとに叱咤《しった》されていたというのです。

清原選手としては、あえて厳しく言うことで、「俺たちが求めるレベルにまで、早く這《は》い上がってこい」という気持ちがあったと思います。一方、高木選手としては、清原選手から厳しく言われるのはつらかったでしょうが、「くそ、負けてたまるか」という反発心が彼を練習へと駆り立てました。

そして高木選手自身も、後にゴールデングラブ賞を受賞します。

西武の球団の方は「うちの選手は仲が悪い」と言っていましたが、これは選手がお互いに対立しているという意味ではなく、安易に馴《な》れ合わないということだと思います。

「馴れ合い」というのは、摩擦《まさつ》を恐れて、お互いに言うべきことを言わずに済ませている関係のことをいいます。馴れ合い集団は、表面的には仲がいい集団のように見えるかもしれませんが、戦う集団ではありません。馴れ合いの関係では、お互いにお互いを鍛えることができないからです。

私は強い組織というのは、黄金期の西武ライオンズのように、メンバーが本気で言い合える関係ができていることが条件になると考えています。

甲子園で三連覇を目指していたころの駒大苫小牧高校も、選手同士が本気で言い合う関係ができていました。

私が同校の練習を見学していたときのことです。ランナーが塁上にいることを想定した守備練習をしていたのですが、守りについている選手が判断ミスをしたときに、ランナー役の選手が「集合！」と声をかけました。

そして「いまのカットプレーだけど、カットマンはもう少し外野との距離が近い場所でカットに入ったほうがいいんじゃないか。なぜなら――」というように話し始めたのです。

私はびっくりしました。

一般に守備練習のときは、レギュラークラスの選手が守備につき、ランナー役は控え選手が務めるものです。その控え選手が「いまのプレーは間違っている」と判断したときに、自ら集合をかけてレギュラークラスの選手に意見を言っていたからです。

これがほかのチームであれば、技術的に劣る控え選手がレギュラー選手に意見を言うなんて、なかなかできることではありません。しかし駒大苫小牧高校は技術の巧拙《こうせつ》に関係なく、気がついたことをはっきりと口にできるチームだったのです。

私は、駒大苫小牧高校が全国屈指の強豪校になった理由を垣間見た《かいまみ》気がしました。

◉「お互いに言い合える関係」をチームの伝統に

宝塚ボーイズでは、選手が練習グラウンドに集合したときに必ず読み上げさせている言葉がいくつかあるのですが、その中の一つに「厳しさが時に優しさになる」というのがあります。

たとえばある選手がキャッチボールをしていたとします。その選手がきちんと気持ちを込めてボールを受けたり投げたりしているかどうかは、相手をしている選手であればすぐに気がつきます。けれども「こいつは適当な気持ちでキャッチボールをしているな」ということがわかっても、見て見ぬフリをすることも可能です。

注意をすれば、相手はきっと不愉快な気分になるはずです。相手を不愉快にさせるのは、自分にとっても愉快なことではありません。それなら目をつぶって、この場をやり過ごしたほうが気分的には楽です。

しかし長い目で見れば、見過ごすことは相手のためにはなりません。厳しいひと言を言うのは勇気がいることですが、言わないと相手は気づいてくれないし、相手が変わるきっかけもなくしてしまうことになります。だから仲間のことを本気で思っているのなら、厳しいことを言うべきときは、はっきりと言うべきです。

そこで宝塚ボーイズでは「厳しさが時に優しさになる」を合い言葉にしているのです。

ただし、いまの子どもたちは少子化の中で、大人や友達から「厳しいことを言われる」という経験があまりありません。だから、ちょっときついことを言われると、すぐに気持ちが折れてしまう選手がいます。

そこで私は、お互いに言い合うことが当たり前のように感じられる環境を、チームの中に伝統として根づかせていくことを重視しています。

その一つが一四三ページでも話したように、ミーティングのときに選手同士で相互評価をさせることです。

「A君は、自分では足の速さが武器と思っているかもしれないけど、ランナーで出たときに的確な走塁判断ができていない場面がまだまだ目立つよ。もっと走塁技術を磨いたほうがいいと思うよ」

「B君はピンチになればなるほど、肩に力が入ってボールが先行するよね。エースになりたいのなら、ピンチのときほど冷静さを保つことが大切だよ」

というように、お互いに率直な意見を言い合うようにさせているのです。

相互評価をさせるときに、私から選手に話しているのは、「自分のことを評価するのは、結局は自分ではなくて他人なんだよ」ということです。

自分はどんなにできているつもりでも、他者が評価してくれないと、自分が求めているポジションやポストを得ることはできません。自分が成長したければ、少々耳が痛かったり、傷つく言葉でも、素直に受け入れられる態度を育んでいくことが大切だという話を選手たちにしているのです。

ミーティングなどを通して、お互いに言い合う機会が増えてくると、選手にとってもそれが「当たり前のこと」になっていきます。

事実、宝塚ボーイズでは、練習中に練習方法や戦術論を巡って、選手同士が激しく言い合う場面がよく見られます。私はそういうときには、あえて議論に介入しないようにしています。

「もっとうまくなりたい」「もっとチームを強くしたい」というプラスの気持ちから議論しているわけですから、納得ができる結論を自分たちで導き出せるまで、とことん話し合うことが大切だと思うからです。

ちなみに少年野球の場合、選手は毎年入れ替わります。三年生はお互いに言い合うことに慣れていても、一年生はまだ慣れていません。まずは彼らをチームの環境に慣れさせる必要が出てきます。

しかしこれは、それほど難しいことではありません。一年生は先輩たちがお互いに本気で言い合っている様子を見て、やがてその環境を当たり前のものとして受け入れるようになっていくからです。そして先輩をモデルにして、自分たちも本気で言い合う関係を作っていきます。

こうして「お互いに言い合える関係」がチームの伝統になっていくのです。

◉時には仲間に厳しく、時には仲間を励ますチームを作る

私自身も「厳しさが時に優しさになる」ことを実践しようとしていますから、選手に対してかなり厳しいことを言うときがあります。そして、中にはそれで落ち込んでしまう選手がいるのも事実です。

ただし私が安心して厳しいことを言えるのは、コーチ陣が後でその選手のことをちゃんとフォローしてくれるからです。昔の家庭でいえば、お父さんがガツンと子どもを叱った後に、お母さんが「お父さんがあんなに言うのは、あな

たのためを思ってのことなのよ」と子どもに一声かける感じでしょうか。

また叱られてくじけそうになった選手を、精神的に支えてくれる仲間の存在も貴重です。

以前、こんなことがありました。

新チームが結成されて以来、主力としての活躍を期待されていた、ある選手がいました。ところがその選手は、ずっと結果を残せない状態が続いていました。そのため、どんどん元気がなくなり、練習にもうつむきがちに参加するようになっていきました。

そんな彼を私はかなり強い調子で叱咤しました。

「おまえはチームを引っ張っていく存在なのに、そのおまえがそんなに浮かない顔で練習をしていてどうするんだ！」

彼の苦しい気持ちは、もちろん私にもわかっています。けれどもその苦しい局面から、自分の力で這い上がってこない限り、本当の自信はつきません。だから私はあえて厳しいことを言ったのです。

すると私が彼を叱った後、キャプテンがすっと彼のもとに近づいて、こんな励ましの言葉を彼にかけてくれました。

「おまえは、いいなあ。あれだけ監督が激しくおまえを叱ったのは、おまえの実力を認め、おまえのことを本当に期待しているからなんだぞ。いま、どん底の状態にいるのはおまえ自身もわかっていると思うけど、みんなおまえに立ち直ってほしいんだから、どうすればこの状態から抜け出せるか考えてみようよ。うつむいてばかりじゃダメだぞ！」

その選手は、キャプテンのその言葉を聞いた途端に泣き出してしまいました。よほど一人で苦しんでいたのでしょう。

やがてその選手は自分の力で苦しい局面を乗り越え、チームにとって欠かすことができない主力選手になっていきました。

厳しく突き放すばかりでは、選手は育ちません。自信を失うだけだからです。だから一方では、選手に寄り添い励ますことも大切になります。人が育つ組織には、「厳しく叱って突き放す役割の人間」と、「相手を受け止め励ます役

割の人間」の両方が必要なのではないかと私は思っています。

そうした意味で、宝塚ボーイズの最大の強みは、選手自身がときには仲間の選手を「厳しく叱る」ことができ、またときには「優しく励ます」ことができるところです。仲間が気の抜けたプレーをしたときには本気で怒りますし、私に叱られて仲間が落ち込んでいるときには励ましのひと言を口にすることができます。

これは選手たちが「厳しさが時に優しさになる」という言葉の意味を、きちんと理解してくれているからではないかと思います。

仲間に対して本気で「成長してほしい」と思っているからこそ、厳しいことを言うべきときには厳しい言葉を口にでき、励ますべきときには励ましの言葉を投げかけることができるのです。

場面に応じて、厳しさと励ましを使い分けている選手たちの姿を見るたびに、「今年も良いチームができたな」と実感します。

3-4 野球が上手な選手も、不器用な選手も伸びるチームを作る

◉チームの中で、役割のない選手など一人もいない

九人からスタートした宝塚ボーイズの部員数は、いまでは一〇〇人を超える大所帯になりました。「宝塚ボーイズでプレーしたい」という選手が増えてくれるのは、私としてもうれしい限りです。

ただ保護者の方の中には、部員数が多すぎるということで、「自分の子どもは宝塚ボーイズではなくて、ほかのチームに入れたい」と言う方もいらっしゃいます。部員数が多いと、試合に出られないかもしれないし、練習も充分にさせてもらえないのではないかという不安があるらしいのです。

たしかに人数が多いと、競争は激しくなります。最上級生になってもレギュラーを摑めない選手がいるのも事実です。

しかし宝塚ボーイズでは、試合にまったく出られない選手がいるかというと、そんなことはありません。ボーイズリーグではさまざまな大会が開かれていますから、大会によっては、レギュラークラスではない選手を中心としたメンバー構成で参加しているものもあります。また紅白戦も頻繁に行なっていますから、そこでも出場機会が得られます。

こうした試合で目を引く活躍をすれば、当然、レギュラークラスや準レギュラークラスのグループにステップアップしていくことも可能です。どの選手にも、試合に出て活躍するチャンスが公平に与えられるように工夫しているのです。

また練習についても、メイングラウンドとサブグラウンドを有効に使いながら、実力別にグループを分けて、それぞれ練習に取り組ませています。レギュラーだけが練習をして、ほかの選手は球拾いといったようなことはありません。

実力は違っても、それぞれがそれぞれの場所で頑張れる仕組みを作っています。

部員数が一〇〇人も一五〇人もいるような大所帯のチームでよく聞くのは、ベンチ入りできなかった選手がやる気を失ってしまい、練習に出てこなくなったり、退部に至るケースもあるという話です。「うちの子どもは、宝塚ボーイズではなく、ほかのチームで」という保護者の方も、そこを心配されているのかもしれません。

退部する選手が出てしまうのは、チームが選手にうまく「役割」を与えていないからではないかと私は思います。もしチームの中に、「うちのチームに必要なのはレギュラークラスの選手だけで、ほかの選手は必要ない存在だ」といった雰囲気があったとしたら、ベンチ入りできなかった選手は、チームにおける自分の役割を見失ってしまいます。

「このチームの中には、もう自分の果たす役割はない」と感じたら、誰だってやる気をなくして当然でしょう。大人だって会社で同じ状態に置かれたら、辞めることを真剣に考えるはずです。

しかし私の考えを言えば、チームの中で役割のない選手など一人もいません。

試合中にグラウンドに立っているのは九人ですが、野球は九人だけでするスポーツではないからです。

リードをしたまま試合が終盤に差しかかり、「ここはしっかりと守り抜きたい」というときには、監督はレギュラー選手に代えて守備に安定感のある控え選手を起用することもあります。

また試合には出なくても、絶体絶命のピンチの場面でチームの雰囲気を変えるひと言が言える選手は、監督としてはぜひベンチに入れておきたいものです。

実際に宝塚ボーイズでもこんなことがありました。

春の全国大会出場をかけた大事な予選の準決勝。チームは一対〇でリードしていたのですが、終盤になって一対一に追いつかれました。守備についていた選手たちの表情には、明らかに動揺が見られます。野球は流れのスポーツですから、このまま主導権を相手に渡してしまうと、逆転される可能性が大です。

そのとき「彼はムードメーカーになるかな」とベンチに入れていた控えの選手が、「予定通り！」と守っていた選手たちに声をかけたのです。

「この試合は接戦になるって、ミーティングのときに監督やコーチも言ってたやん。競《せ》った展開の中で踏ん張ったほうが勝つって言ってたやん。予定通り、予定通り！」と。

選手たちは彼の言葉を聞いて、落ち着きを取り戻しました。そして延長にもつれ込んだ末、サヨナラ勝ちで勝利を勝ちとったのです。もしかしたらこの試合の最大の勝利の立役者は、控え選手の彼かもしれません。

さらに野球は、ベンチ入りしている選手だけでやるものでもありません。選手が実力以上の力を発揮するためには、スタンドで応援してくれる仲間との一体感が不可欠となります。仲間が後押ししてくれるからこそ、「もうダメだ」とあきらめそうになった場面でも、もう一頑張りすることができるようになります。

つまり強いチームとは、九人だけで野球をしているわけではなくて、エースや四番バッターから控え選手、スタンドで応援している選手まで、それぞれが自分の役割をはっきりと自覚し、その役割を果たしているチームなのです。たしかに誰もがレギュラーになれるわけではありません。けれどもレギュラーにはなれなくても、いま自分が置かれているその立場でチームに貢献できる役割があるはずです。

ですから指導者に求められるのは、「チームの中で必要ない選手なんて一人もいない。みんな必要な選手なんだ」というメッセージをしっかりと選手たちに伝えることだと思います。そして、「では自分はどんな役割を果たせるか、チームの中で自分が生きる道を考えてみようよ」と、選手たちに問いかけていくことです。

こうしたチームで育った選手は、高校や大学、そして社会人になってからも挫折にめげない強い人間になれると思います。

中学校時代はレギュラーだった選手も、高校野球の強豪校に進学すればベンチ入りさえできない可能性は充分あります。また大人になって会社に就職してからも、必ずしも自分が望んだポジションに就けるとは限りません。

でもそこで「このチームの中で自分が生きる道は何だろう」と考えられる人

物であれば、挫折にめげることなく、その中で自分の役割を見つけ出すことができるはずです。

◉多人数のチームの中で「自分が生きる道」を見つける力

「チームの中で自分が生きる道」を見つける力は、少人数のチームよりは多人数のチームにいたほうが鍛えられると思います。

少人数のチームでは、ベンチ入りしたり、レギュラーの座を掴むのはそれほど難しいことではありませんから、「どうすればベンチ入りできるだろうか」とか「チームにおける自分の役割は何だろう」といったことを考える機会はあまりありません。

ところが多人数のチームの場合、周りを見渡せば能力が高い選手はたくさんいます。そんな中で試合に起用してもらえるようになるためには、自分の強みと弱みを冷静に見つめる必要が出てきます。

たとえば、総合的な力ではレギュラーをとるだけの実力に達していない選手がいたとします。けれどもその選手は、バントに関してはレギュラークラスに負けない自信があります。

そこで「自分の強みはバントだ」と考えたその選手は、ランナーを確実に送りたい場面でピンチヒッターとして使ってもらうために、「バントの技術にさらに磨きをかける」という課題を持って練習に取り組むようになります。彼にとってはバントが、「チームの中で自分が生きる道」になります。

またプレーヤーとしての実力では、ベンチ入りが難しいという選手がいたとします。この選手が考えるのは、「ではプレー以外の部分で、自分がチームに貢献できるとしたら何だろう」ということです。

「僕はプレーではみんなに負けるけど、試合の中でいまどんなプレーが必要なのか、的確に状況判断をする自信だったらある。その力をランナーコーチとして活かせないだろうか」

こう考えたその選手は、ランナーコーチとしての実力を監督に認めてもらうために努力を始めるようになります。ランナーコーチが、彼にとっては「チームの中で自分が生きる道」となるわけです。

さらに中には、結局ベンチ入りすることができない選手もいます。気持ちが

くじけそうになるところですが、「チームの中で自分が生きる道」を考えられる選手は、「ではベンチの外で、自分がチームに貢献できることは何だろう」という発想ができます。

かつて大きな大会を前にして、結局ベンチ入りすることができなかったある三年生の選手が、私にこんな言葉を言ってくれたことがあります。

「ベンチ入りしている選手については、キャプテンがしっかりまとめてくれると思います。だから僕は、ベンチ入りできずにスタンドで応援する選手たちのまとめ役になります」

こういう選手は、野球の技術という点ではたしかにみんなよりも少し足りなかったかもしれません。けれども社会に出たら、多くの人からの信頼を受けながら、とても充実した人生を送ってくれるのではないかと思います。

◉上手な子も不器用な子もいるからこそ、選手は成長する

宝塚ボーイズでは、入部にあたってテストのようなものは特にしていません。ですから田中将大のように、将来プロで活躍できるレベルの選手が入部してくることもあれば、キャッチボールも満足にできない選手も入部してきます。

私は「野球が上手な選手だけを集めて、強いチームを作りたい」という気持ちはまったくありません。なぜなら一つのチームの中に、野球が上手な選手もいれば不器用な選手もいるからこそ、選手は成長していけると思うからです。

野球が上手な選手は、不器用な選手を何かと見下しがちです。しかし不器用な選手は、プレーという点では上手な選手に劣りますが、野球に取り組む姿勢

については優《まさ》っていることが少なくありません。上手な選手が不器用な選手から学べることはたくさんあります。

そしてもちろん不器用な選手が、器用な選手から学べることもたくさんあります。

私はお互いの良いところを学び合っていけるような環境を、チームの中に作っていきたいと思っているのです。

私がこれまでいろいろな選手を見てきた経験からいうと、「継続的に物事に取り組める力」という点では、野球が上手な選手よりは、不器用な選手のほうが優れているケースが多いと思います。

器用な選手は、監督やコーチが教えたことを簡単に習得します。すると、すぐに「できた」という気持ちになり、継続的に努力することを怠ってしまいがちです。本当はそこからさらに上を目指していくことが大切なのですが、すぐに満足してしまうのです。

一方、不器用な選手は、一回や二回教えたところで簡単には習得できないので、できるまで何回も何回も同じことに挑戦します。そして、やっとできたときの喜びは人一倍になります。だから不器用な選手は、物事に継続的に取り組むことの大切さを知っています。

　すると、「ウサギとカメ」の寓話《ぐうわ》ではありませんが、器用な選手が「できた」と安心してサボっている間に、コツコツと努力を続けてきた不器用な選手が、実力的にも器用な選手を抜いてしまうということがチーム内に起きます。

　野球センスという点ではAという選手のほうが明らかに上なのに、努力型のBという選手にレギュラーを奪われるといったことが起きるのです。

　そこでA選手は初めて、「野球はセンスだけでやれるものではないんだ。継続的な努力が大切なんだ」ということに気づくわけです。また周りの選手も、A選手がB選手に抜かれたのを見て、継続の大切さを学びます。そして器用な選手が、不器用だけれど努力している選手を見下すような雰囲気もなくなっていきます。

　器用さを持ちながら、継続的に物事に取り組むことの大切さを知った選手は、間違いなく成長します。その代表格は、何といってもイチローです。彼は「天才」といわれる器用さと、「もっと野球がうまくなりたい」という不器用な選手の気持ちの両方を持ち続けている選手だと思います。

小西慶三さんという、イチロー選手のことをずっと追いかけているスポーツ記者の方がいます。その小西さんが書かれた『イチローの流儀』（新潮社）という本の中で、イチローが小西さんに語ったこんな言葉が紹介されています。

「自分は幸せな人間だと思う。不幸な人間って、何ごとも何の苦労もなくできてしまう人でしょう。でも、それでは克服の喜びがなくなってしまう」

イチローは、自分のことを不器用な選手だと思っているようです。そして不器用な選手が、苦労をしながら課題を克服していく喜びを知っています。イチローらしい発言だと思います。

また宝塚ボーイズでいえば、田中将大も器用さを持ちながら継続ができる選手でした。

二年生の秋になったときに、将大は「もっと三振をとれるようになりたいので、スライダーを教えてください」と私のところにやってきました。そこで私が投げ方のコツを教えたところ、何とその日のうちに鋭く曲がるスライダーを習得してしまったのです。

「もしかしたら将大は、将来プロに行ける逸材かもしれない」

と初めて私が意識したのは、このときです。

将大が優れていたのは、スライダーを習得した後も、その切れ味をさらに磨くことを怠らなかったことです。だから高校を卒業してプロでいきなり一〇勝以上をあげるピッチャーになれたのだと思います。

◉高いレベルを追い求めるレギュラーと、その姿に刺激を受ける控え選手

私がチームの中で心がけていることの一つに、「野球がうまい選手にほど、さらに高いレベルを求めて厳しく指導する」ということがあります。

少年野球のチームによっては、監督がエースや四番に対してはあまり厳しく指導しないところもあります。厳しく叱ったために、機嫌を損ねてチームを辞められたら困るという意識があるからです。

目先の勝利を追うあまり、「野球を通じて、選手を人間的にも成長させる」

という一番大切なところをおろそかにしているのです。

けれども少年野球のときにはエースや四番だったとしても、高校に進めば控え選手に甘んじるという可能性は充分にあります。そのときに、これまでちやほやと持ち上げられてきていた選手ほど挫折に弱い人間になります。

また特別扱いされていたぶん、「野球は、レギュラーから控え選手までみんなでやるもの」という意識が育まれていませんから、いまの自分の立場に耐えられず、余計に挫折感が深まっていくことになります。

ですから私は、うまい選手にほど厳しく指導していきます。あえて厳しい課題を要求し、壁に直面させます。そしてその壁を乗り越えていくことで、困難に直面してもやり抜く力を育んでほしいと考えているのです。

レギュラークラスの選手に対して厳しい指導をすることは、その周りにいる控え選手にとってもプラスになります。なぜなら私が指導している姿を見て、「レギュラーの選手たちはこんなに高いレベルのプレーを要求されているのか」と驚き、「自分たちもこの程度で満足していてはいけない」と感じるきっかけとなるからです。

また私はときどき、レギュラークラスの選手たちの中に控え選手を入れて、一緒に練習させることがあります。

レギュラークラスの練習では、たとえば守備練習であれば、打球の行方に対する的確な判断や、ムダのない打球処理、状況に応じた連係プレーなどが要求されます。ちょっとでも気を抜いたプレーをすると、コーチから容赦のない厳しい言葉が飛んできます。

そんな練習の中に控え選手を放り込むのは、レギュラークラスの選手たちがどんなプレッシャーの中で日々野球に取り組んでいるかを実感させたいからです。控え選手たちは、あまりの緊張感の違いに圧倒されます。そこで受けた刺激を、自分の練習にも活かしてほしいと思うからです。

レギュラークラスの選手たちが、自分たちの想像以上に厳しいレベルの練習に取り組んでいることを知った控え選手には、レギュラーの選手に対する尊敬の念が出てきます。だから、たとえ自分がベンチ入りメンバーに選ばれなかったとしても、スタンドから仲間たちを本気で応援することができるのです。

3-5 日本の選手ならではの長所を伸ばし、強みを活かす

◉好きな野球ができることへの「喜び」と「感謝の気持ち」を育てる

私がアメリカ・メリーランド州で毎年開かれているカル・リプケン十二歳以下世界少年野球大会で、日本代表チームの監督を務めていたことについては、プロローグでもお話しした通りです。

日本代表チームは、ボーイズリーグかヤングリーグに所属している全国のチームの中から、中学校一年生の選手一五人を選抜して結成しています。とくにボーイズリーグは、これまでに多くのプロ野球選手を輩出していますから、この大会の経験者の中から、将来プロ野球に進む選手が何人か出てくるかもしれません。

私は、二〇〇九年の大会から二〇一三年の大会まで、五年間にわたって監督

カル・リプケン世界少年野球大会で3連覇を達成

を経験させていただきました。初出場の二〇〇九年は準優勝、二〇一〇年は準決勝で敗退しましたが、その後二〇一一年から二〇一三年にかけて三連覇を果たすことができました。

五年にわたる代表チーム監督の経験は、とても大きなものでした。少年野球ではありますが、日本のチームの長所や強み、日本が国際舞台で戦うときの戦い方といったことを身をもって学ぶことができたからです。

特に印象に残っているのは、初

優勝を遂げた二〇一一年の代表チームです。この年は春に東日本大震災が起きました。私は選考会では、被災地の仙台から二人の選手を代表に選びました。二人とも家族と一緒に自宅を離れて避難をしていて、練習も満足にできていない状態でしたが、そのぶん「野球がしたい」という思いを強く持っていました。

彼らをチームに加えることで、ほかの選手たちにも、好きな野球ができることへの感謝の気持ちを抱いてほしいと思ったのです。そして喜びや感謝を気持ちを抱きながらプレーすることが、代表チームとしてのチーム力を高めることにつながると考えました。

代表チームの選手に選ばれるのは、全国大会で活躍をしてきた選手ばかりです。当然彼らは地元のチームの中では、エースや四番といった中心的な役割を担っています。先ほども話したように、少年野球のチームによっては、監督がエースや四番に対してあまり厳しく指導しないところもあります。すると中には「自分は野球がうまいのだから、野球の試合ができるのは当たり前」という気持ちのままで止まっている選手もいます。「みんなが支えてくれているから、自分は野球ができている。だから自分もみんなのために頑張らなくてはいけない」という意識が育っていないのです。

するとと試合の場面でも「とにかく自分が投げて、自分が打って勝てばいいんだろう」という発想になりがちです。ところが地元のチームの中ではエースや四番であったとしても、代表チームでは控えに回らなくてはいけないことも出てきます。お山の大将で、自分一人で野球をしているような選手ばかりでは、チームはうまく機能しません。

ですから代表チームとして結果を残すためには、短期間で選手の意識を変え、チームを一つにまとめることがとても大切になります。

その点、二〇一一年の代表チームの選手たちは、仲間を大事にできる子どもたちが揃っていました。私はミーティングのたびに、彼らにこんなことを話していました。

「被災地では、野球がしたくてもできない子がたくさんいるよね。自分たちは好きな野球ができているのだから、そのことに感謝の気持ちを持とう。

またこうして世界大会で戦えるのは、サポートをしてくれている星野仙一さんや、ホームステイ先のホストファミリーのみなさんのおかげでもあるのだから、そうした方たちにも感謝をしなくてはいけないよ。星野さんやホストファミリーの方々の支援に、我々は勝つことで恩返しをしよう」

あれだけの震災が起きた直後ということもあったと思いますが、選手たちは私の言葉を素直に受け止めてくれました。この年は私が代表監督を務めてから三年目にあたりましたが、これまでの二年以上にチームが一つにまとまっていました。このチームで初優勝を遂げることできたのは、選手同士の結束がとても固かったということが一番大きかったと思います。

「自分が周りの人たちに支えられながら野球ができていることへの感謝の気持ちを持ち、自分もまたチームのために何ができるかを考えて動ける選手」になってもらうためには、その大切さを言葉で伝えるだけではなく、時には態度で示すことも必要になります。

地元のチームでお山の大将だった選手の中には、いくら私が「練習でも試合でも、みんなで協力しあいながら取り組むことが大切だよ」と言葉で言ったとしても、ピンとこない子どももいます。たとえば練習が終わったあと、ほかの選手たちは道具を片づけたり手入れをしているのに、その選手だけは何もしないでぶらぶらしていたりします。

私はそういう選手は、どんなに実力があったとしても試合では起用しません。そして起用しない理由を、コーチを通じて本人に説明します。私が直接言うのではなくコーチを介して言うのは、「仲間と協力できない選手は試合では起用しない」という考えが、私個人の意見ではなくチームとしての方針であることを、その選手にわかってもらうためです。また私からまずコーチに話すことで、私の考えをコーチにも理解してもらいたいと思っているからです。

私は一方でキャプテンにも、「彼はたしかにいい選手だけれども、みんなで一つになって戦うことの大切さがまだわかっていないから、試合では使わないね」と、私の考えを伝えておきます。

そうやってチームとしての方針を示したうえでその選手の変化を待ちます。そして彼が率先して道具を運んだり手入れをしたりするようになり、野球に対する姿勢が変わってきたら、そのとき初めて試合で起用します。

そしてその選手が試合で良いプレーをしたときには、思いっきりほめてあげます。

「おまえ、今日は良いピッチングをしたね。でも、もっと良いことをしているよね。最近、チームのために道具を運んでいるだろう。素晴らしいピッチングをすることよりも、そっちのほうがずっと大事なことなんだよ」

というふうにです。

◉チームとして一つにまとまり、スモールベースボールで勝つしかない

なぜ私が「選手がお互いに支え合いながら、チームとして一つにまとまること」の大切さをこれほどまでに重視しているかというと、一つにはそうした姿勢は野球をするときだけではなく、これから社会で生きていくうえで絶対に必要になることだからです。

そしてもう一つは、日本の代表チームは、チームが一つになって緻密な野球を展開していかないかぎり、国際大会では勝てないということがあります。

アメリカや中南米の選手たちは、すでに少年の時点で日本人よりも体格的に優れています。そうした選手が集まっているチームであれば、パワーで相手を圧倒して勝ち進むことができるかもしれません。

もちろん日本の代表選手の中にも、中学一年生なのに身長が一七五センチ以上あるような体格的に恵まれた子もいます。けれども全体的なパワーでは、アメリカや中南米のチームにどうしても劣ります。

そうした中で、どうすれば日本のチームが勝てるかといえば、スモールベースボールに徹するしかありません。守備のときには、ピッチャーがコースを丁寧につくピッチングで長打を防ぎ、野手陣は場面に応じた守備陣形や連係プレーで失点を最小限に抑えます。また攻撃のときには、ヒットエンドランや盗塁などの機動力を活かし、相手の意表を突く作戦で確実に得点をあげます。そして接戦で勝利をものにするのが日本の勝ちパターンです。

こうした細かいプレーができるようになるためには、チームが一つにまとまっていることが大切になります。選手一人ひとりが、チームの状態やゲームの状況、一緒に戦っている仲間のことをよく知ったうえで、「自分はこの場面では、チームのためにどんなプレーをするべきか」を自分で考えて、判断しなくてはならないのです。自分が活躍するためにプレーをするのではなく、チームが勝つためにプレーをすることが求められます。

「チームとして一つにまとまって戦う」という戦い方は、少年野球のチームに限らず、どの年代の日本代表チームが世界を相手に戦うときでも必要になってくることだと思います。いや野球に限らず、あらゆる団体スポーツにおいて、体格的には恵まれていない日本の代表チームが、国際舞台で戦うときに必要になることかもしれません。

◉海外の人たちから称賛された、日本の子どもたちのマナーと礼儀

日本代表チームとして世界大会で戦っていると、「日本人らしさ」ということについて、強く意識するようになります。

日本のチームとほかの国のチームの違いが明らかにわかるのは、試合が終わった後のベンチの様子です。ほかの国のチームが使ったベンチは、はっきり言

ってゴミだらけです。一方、私たち日本チームは、試合終了後にきちんとベンチを掃除して、ゴミ一つない状態にしてから球場を後にしていました。

また試合中は、紙コップでスポーツドリンクを自由に飲むことができるのですが、ほかの国のチームの選手たちは、ドリンクを一杯飲むたびに紙コップを捨てていました。日本チームは、「エコを心がけよう」ということで、選手一人ひとりが紙コップに自分の背番号を書き、一試合につき一人一個しか使わないようにしていました。

こうした日本チームの姿勢は、現地のメディアや、子どもたちの応援に来ているさまざまな国の父母からも注目され、やがて日本代表の選手たちがゴミを片づけている様子や、道具を整然と並べている姿を撮影する人たちも現れました。また彼らは、日本の選手たちの礼儀正しさや、チームプレーが徹底していること、ミーティングのときの人の話を聞く姿勢などにも、感銘を受けていました。

私自身もいろいろな人から「日本の選手たちは、本当に素晴らしいね。どうやったらこんな子どもに育てることができるんだい？」と、何度も聞かれました。

大会を主催しているカル・リプケンさんも、すっかり日本チームのファンになってくれました。そして選手たちに向けて、「日本代表チームの姿勢は、世界中のすべての野球少年たちのお手本になります。みんなが君たちに注目していています。その意識を持って、これからも野球に取り組んでくださいね」と言ってくださいました。

なぜ日本代表チームは、マナーや礼儀、チームプレーを徹底することができたのでしょうか。「相手に感謝の気持ちを伝えるために、礼儀は大切である」とか「周りの人がイヤな思いをしないように、マナーを守ることが大事である」といった価値観を、チームのみんなが共有できていたからです。こうした価値観は、子どもたちが日本の文化の中で育つうちに、自然と身につけてきたものです。これは日本人として誇るべきことです。

私は何度も選手たちに、「自分たちを支えてくれている方たちに感謝の気持ちを持とう」「仲間を大切にしよう」「道具を丁寧に扱おう」といったことを呼びかけました。すると私の呼びかけを、選手たちが素直に受けて入れてくれました。価値観が共有できていない中で、いくら私が礼儀やマナーの大切さを訴えたとしても、「この監督は、なんかめんどくさいことを言っているなあ」で終わってしまったことでしょう。

日本代表チームの姿勢が周りから注目されるようになると、選手たちの意識も次第に変わっていきます。「自分は日本を背負って戦っているのだから、周りの人たちをがっかりさせるような野球を見せるわけにはいかない」という責任感が生じてくるのです。

大会では、毎回試合前に両チームの国旗の掲揚と国歌の演奏が行なわれます。その様子を写真に撮ってくださった方がいるのですが、写真を見ると予選の第一試合目と決勝戦では、選手たちの背筋の伸び方がまったく違っていました。私は「子どもたちって短期間でこんなに成長するものなのか」と感動してしまいました。

選手たちは大会期間を通じて、文字どおり日本を代表して戦ってくれました。球場に観戦に訪れたり、選手たちを家に泊めてくれるホストファミリーの方々は、彼らの姿を見て、日本や日本人のことを好きになってくれたり、逆に嫌いになったりします。だから選手たちの責任は重大です。そして、選手たちに対する周りの評価が高まれば高まるほど、日本を代表してここにいるんだという彼らの責任感も強くなっていくわけです。

選手たちには、この貴重な経験をぜひ地元のチームに持ち帰ってほしいと思っています。地元のチームに戻ったときに、ほかの子どもたちに「日本の選手はマナーや礼儀が素晴らしいって、海外の人たちからすごくほめられたんだよ。チームプレーについても、日本が一番だって言われたんだ。だから僕らもマナーや礼儀、仲間を大切にする気持ちを忘れずに、練習に取り組んでいこう」というふうに話しかけてほしいのです。

そうすればカル・リプケン世界少年野球大会で一五人の子どもたちが経験したことが、たくさんの子どもたちに広がっていきます。これは大会で優勝することと同じぐらいに価値があることだと思います。

◉貴重な経験になるからこそ、ほかの指導者にバトンタッチをした

二〇一三年、私はカル・リプケン世界少年野球大会で三連覇を果たした後、代表監督をほかの方に譲ることにしました。

実は本当は、もっと早い時期に代表監督をほかの人にバトンタッチするつもりでした。ところが二年目の大会が終わったときに星野仙一さんのところにあいさつに伺ったところ、「優勝するまでは監督をやり切れ」と言われ、そして初優勝したときには「次は二連覇だろう」、二連覇をしたときには「三連覇をめざせ」と言われました。そんな星野さんの言葉に甘えているうちに、五年も監督を続けることになったのです。

大会期間中はメリーランド州のアバディーンという小さな町に、二週間ほど滞在することになります。その二週間の滞在を五年も続けていると、地元の人たちとすっかり仲良くなります。

三連覇がかかった二〇一三年、私は決勝トーナメントを前にして、選手たちのお世話をしてくれているホストファミリーの方々に、「僕はこの大会で代表

監督を辞めようと思っています」と告げました。するとみんな泣きながら、「コウジ、辞めないでよ」と私のことを引き留めてくれました。

私も退任するのは本当につらいことでした。この大会は私に、「日本が国際舞台で戦うときの戦い方」や「礼儀やマナーなどの日本人ならではの長所」など、さまざまな学びや気づきを与えてくれました。ですから「もっと代表監督を続けていたい」というのが本心でした。でもその一方で、それほど素晴らしい大会だからこそ、「この経験を自分だけが独り占めしてはいけない」という気持ちもありました。そこで三連覇を一つの区切りにすることにしたのです。

この大会は、世界を相手に戦う中で、日本の野球のあり方や、少年野球の選手育成や人間教育のあり方を考えることができる貴重な機会です。だから少年野球に関わる多くの指導者に、この大会を経験してほしいのです。

ともあれいまは、日本代表チームをサポートし続けてくれている星野仙一さんや、アメリカのホストファミリーのみなさん、カル・リプケンさん、そしてこれまでの代表チームの選手たちに、感謝の気持ちでいっぱいです。

3-6 マー君に教えたこと、そしてマー君から教わったこと

◉本物になってもらうため、将大に与えたキャプテン、エース、四番の重責

宝塚ボーイズでは「野球がうまい選手にほど厳しく指導する」という話を前にしましたが、その中でも私は、「特に彼には本物になってほしい。将来もっと高いレベルで活躍できるようになってほしい」という選手については、さらに厳しい指導をしていきます。

どんなに過酷な環境に放り込まれたとしても、リーダーとして、あるいはプロフェッショナルとしてたくましく生き抜く力を身につけてほしいと思うからです。

田中将大も、厳しく指導した選手の一人でした。

中学一年生の将大が宝塚ボーイズに入部してきた当時、正直に言って私は、彼が将来プロ野球選手になるとは思っていませんでした。入部して最初の練習日、将大は自分のグローブを忘れてグラウンドにやってきました。そして私の前にやってくると、何も言わずに突然泣き出してしまったのです。

事情が摑めなかった私は、「どうした?」と尋ねたのですが、しくしく泣くばかりで答えられません。そして震えるような声で、「すいません、グローブを忘れました」と言ったのです。

そんなふうに中学生になったばかりの将大は、ちょっと気の弱いところがある子どもでした。

また野球センスという点でも、まだこの時点ではそれほどずば抜けたものは感じていませんでした。たしかにボールを投げる感覚や、バットでボールを捉える感覚には一定のセンスを感じたのですが、特別にうまいというほどのものではなかったのです。

将大と同い年で、同じ関西のボーイズリーグで投げていたピッチャーに、いま広島のエースになっている前田健太選手がいるのですが、中学生のときのレベルでは前田のほうが明らかに上でした。運動神経も抜群で、「こういう選手がプロに行くのだろうな」と思ったものです。

そんな将大を大きく変えるきっかけとなる出来事が、中学二年生の夏に起きました。

この年、宝塚ボーイズは、夏の全国選手権大会出場校を決める兵庫県予選の決勝までコマを進めていました。あと一つ勝てば、チームが一年間目標にしてきた全国大会行きの切符を手にすることができます。

この試合、四番バッターには、将大のことを弟のようにかわいがっていた村田という選手が座り、将大は五番で試合に出場していました。

試合は最終回まで来て、二対三と相手チームがリード。しかしこの回、宝塚ボーイズはツーアウトながら二、三塁のチャンスを作ります。一打逆転の場面で打席に入ったのは四番の村田だったのですが、村田は敬遠をされて二死満塁となりました。勝負の行方は、次のバッターである将大の一振りにかかってい

ます。

　ところがこの打席、将大は中途半端なバッティングでライトへのファールフライを上げてしまい、ゲームセット。全国大会出場の夢が潰《つい》えてしまったのです。

　この敗北が、将大にとってよほど悔しい出来事だったようです。

「村田先輩にとっては、今年が中学校時代最後の夏。だから一緒に全国大会に出たかったのに、僕のせいでチームが負けてしまった。僕の責任だ」

　と、将大は感じたのです。

　将大の表情が明らかに変わったの

は、この日からでした。それからの将大は、ものすごい集中力を持って練習に臨むようになり、大嫌いだったランニングにも率先して取り組むようになりました。

私は将大をキャプテンに任命しました。私は「この子には本物になってほしい」という選手にはキャプテンをさせるのですが、将大もそう思わせる選手へと成長していたのです。

キャプテンになると、自分の成績だけを考えているわけにはいきません。選手をまとめながら、チームを戦う集団へと高めていくのがキャプテンに求められている役割です。

しかし一方で将大は、チームのエースでもあります。また最上級生になってからは、打線でも四番を任せていました。チームのことだけ考えていればいいわけではなく、自分自身も結果を残さないとチームは勝つことができません。

私は彼に大変な重責を与えたわけですが、それもこれも彼に「本物になってほしい」という気持ちからでした。

そして彼はこの時期から、技術的にも飛躍的な成長を遂げるようになります。

二年生の秋に、教えたその日のうちにスライダーを習得したことは、前にも話した通りです。大きく鋭く曲がるスライダーを見たとき、「とても中学生が打てるボールではないぞ」と感じました。私は初めて「これはもしかしたら、将来はプロも……」と意識しました。

さらに一冬越えると、将大の体は大きくなり、ストレートも速くなっていました。

また将大には、ピッチャーにとって不可欠な要素である安定感も身についていました。

プロでやっていくためには、ボールの速さやキレ、コントロールも大切なのですが、ピンチになっても動じないマウンド度胸が求められます。バント処理や牽制《けんせい》球のミスといったところからリズムを崩すピッチャーは少なくないのですが、将大の場合はそんな心配はまずありませんでした。

私の期待は、「もしかしたらプロも……」どころではなく、「このまま高校、大学と順調に育ってくれれば、大学生のときにドラフト一位もあり得るな」というふうに広がっていきました。実際には大学生どころか、高校生のときにドラフト一位指名されたわけですが……。

このころから将大自身も、「プロに行きたい」とはっきり口にするようになっていましたから、私も将大にプロでやっていくための覚悟を伝える必要があると思いました。だから将大にはいつもこんな話をしていました。

「家に帰ったらスポーツ新聞を読んでみなさい。スポーツ新聞には、プロ野球のチームのエースが相手打線を抑えられなかったり、四番が打てないときには、選手のことをぼろくそに書いているだろう。でもぼろくそに叩かれても跳ね返すだけの強い心がないと、プロではやっていけないんだ。いまのうちから、その強い心を鍛えていきなさい」

私は将大に対しては、いま振り返っても、かなり厳しい要求をしたと思います。でも将大は、それに応えてくれました。

普通の選手だったら、過大なプレッシャーを前に精神的に潰れてしまっていたことでしょう。けれども将大のように「彼だったら乗り越えてくれるのではないか」と判断した選手には、あえて高いハードルを課すことが必要だと思ったのです。

彼が高校卒業後に即戦力としてプロで活躍できたことは、何といっても駒大苫小牧高校という好チームに入って鍛えられたことが大きいと思います。ただ気持ちの強さについては、宝塚ボーイズ時代に培われたことが、いま彼がプロでやっていくうえでの土台になっているのではないかと感じています。

◉継続して努力することで、修正力を高めていった

将大は中学校入学時点では、ずば抜けて野球がうまい選手ではありませんでした。そのことが彼にとっては、かえって良かったと思います。同じチームの同級生の中には、彼よりも野球が上手な選手が何人かいました。だから将大は自分のいまの実力に満足せず、「もっとうまくなりたい」と思い、誰よりも努力を続けることができました。

二年生の秋に私がスライダーを教えたとき、将大は一日でマスターしました。私は将大の野球センスの高さにびっくりし、「入部してきたときには頼り

なかったのに、こんなにすごい子だったのか！」と思いました。けれども将大は、けっしてセンスだけで野球をしたわけではありません。その後も継続して努力することを怠りませんでした。

スライダーを覚えた後も、将大はずっとボールの握り方や投げ方の研究を続けていました。キャッチボールをしながら、「中指と人差し指をこんなふうに変えてボールを握ってみたらどうなるだろう」「手首の角度をこう変えてみたらどうだろう」というように、いろいろと試していたのです。するとその中から、自分にとっていちばんしっくりくる握り方や投げ方が見つかります。またいろいろなスライダーの握り方、投げ方のバリエーションを自分の中に持つことができます。

ピッチングはとても繊細なもので、いつもとちょっと体調が違うだけで、普段と同じボールの握り方、投げ方で投げているつもりでも、ピッチングにズレが生じてしまうことがあります。こんなとき普通のピッチャーだと、「今日はスライダーがどうもうまく投げられない。ダメだ」で終わりです。スライダーでは勝負できなくなるため、ピッチングの幅が狭くなり、相手打線に捕まる確率が高くなります。

けれども将大の場合は、普段からスライダーについての研究をしているぶん、ピッチングをしながら「あれ？　今日はいつもと違う投げ方になっているぞ」と異変に自分で気づくことができます。そして、試合の中で投げながら修正することができるのです。

たしかに将大が投げるスライダーは一級品です。将大が楽天ゴールデンイーグルスに入団したときに監督を務めていた野村克也さんは、「高卒のルーキーで、こんなに鋭く曲がるスライダーを投げられるピッチャーは見たことがない」と評していたくらいでした。こうしたボールを投げられるのはやっぱりセンスで、ほかのピッチャーがどんなに努力してもマスターできるものではありません。

けれども将大が本当にすごいのは、スライダーを習得したあとも努力を続けることで、修正力を高めていったことです。たとえ一級品の変化球を投げられるピッチャーであっても、調子が良いときと悪いときの差がはっきりしていて、良いときは完封をするけれども、悪いときは序盤でノックアウトをされてしまったら、チームからの信頼は得られません。将大はとても高い修正力を持っていました。だからこそ、楽天ゴールデンイーグルスのエースになることができ、二〇一〇年には二四勝〇敗という驚異的な成績でチームを日本一に導くことができたのです。

将大の高い修正力は、中学校時代からのたゆまぬ努力によって身につけられたものなのです。

◉将大の抜群の安定感の理由は、バッターの様子に「気づく力」

将大は修正力とともに、もう一つすごい力を持っていました。それは気づく力です。

楽天時代にバッテリーを組んでいた嶋基宏選手が、あるインタビューに答えてこんな話をしていたのを読んだことがあります。

将大は、嶋選手がたとえば「ストライクになるスライダー」のサインを出したとしても、わざとボール球を投げることがあるといいます。テイクバックに入ってからボールを投じるまでのわずかな間に、相手バッターの仕草などから「この選手は、次はスライダーを狙っているぞ。しかもタイミングも合っているぞ」と瞬間的に気づき、意識的にストライクゾーンから外れたボールを投げることができたというのです。

そこで初めて嶋選手も「あっ、スライダーが狙われていたんだ」と気づきます。そして将大のおかげで相手バッターの狙い球に気づかされて、配球を組み立て直すことができるわけです。私はその記事を読んだときに、「そうか、将大もそこまでできるようになったのか」と感慨深い気持ちになりました。

将大は元々キャッチャーとして宝塚ボーイズに入団してきました。ピッチャーとしてマウンドに上がるようになったのは一年生の秋ぐらいからだったのですが、最初のうちは打たれるとムキになって、力で相手バッターをねじ伏せようとしていました。そしてムキになってはまた打たれるという悪いクセがありました。

私は将大にこう話しました。

「どんなに速い球を投げたとしても、狙い球を絞られたら打たれるときは打たれてしまう。でも相手に打つ気がないときには、ど真ん中にスローボールを投げたって打たれることはない。だからもっと冷静になって、バッターの様子をよく見てから投げなさい」と。

いつも力任せに投げていたら、ピッチングが単調になるため、相手打線につけ込まれやすくなります。だからといって丹念に外角低めばかりを狙う投球をしていたら、ボール球が増えてカウント的に苦しくなります。こういうピッチングになるのは、相手バッターの様子が見えていないからです。

バッターの様子を観察しながら、「ここは打つ気がないな」と判断したときには、真ん中寄りのボールを投げることで確実にストライクをとることができれば、ピッチングはずいぶん楽になります。将大には、そういうピッチングができる選手になるように何度も話したものです。

将大は持ち前の吸収力と向上心で、私の話を素直に聞いてくれました。そして三年生になったときには、相手バッターを見ながらピッチングができるようになっていました。ピンチになってもムキになって投げるようなことはなくなりました。

そしてその後も、「相手バッターを見ながら投げる」ことを大切にし続けたことによって、いままでは投げる瞬間にバッターの様子に気づいて、とっさにボールのコースを変えることができるようにまでなったわけです。

みなさんは田中将大というと、気合いを前面に押し出してピッチングをするイメージを持っているかもしれません。たしかにここぞという場面で三振をとったときには、「うぉーっ」と吠えながら、思いっきり派手なガッツポーズをしたりします。

けれどもそれは相手バッターを打ち取ったときに湧き起こってくる感情であって、バッターと向き合っているときの将大は、すごく冷静に相手の様子を観察しています。

将大と同じように、ダルビッシュ有選手もまた相手バッターの様子に敏感に気づいて、意識的にストライクゾーンから外れたボールや、タイミングを外すボールを投げられるピッチャーです。

ただし将大とダルビッシュ選手とでは、ダルビッシュ選手のほうがちょっと熱くなりやすい性格だと思います。ダルビッシュ選手は連打を打たれると、気持ちが前面に出すぎてムキになってしまうところがあります。その点、将大のほうがどんなときでも辛抱ができるようです。

私はピッチャーとしての素材は、将大よりもダルビッシュ選手のほうが断然上だと思っています。特にダルビッシュ選手の変化球はメジャーでも屈指で、将大はとてもあんなボールは投げられません。

一方でどんなときでも気持ちを切らすことなくマウンドに立つことができるのが、ダルビッシュ選手が持っていない将大の最大の強みです。それが将大の抜群の安定感につながっています。

◉まだメジャーで成功するイメージを持っていない

二〇一四年二月、田中将大は七年間在籍した東北楽天ゴールデンイーグルスを離れて、ニューヨーク・ヤンキースに入団することが決まりました。

「将大が、あのイチローと同じ球団に所属することになるなんて」

と、私はとても不思議な気持ちになりました。そして「将大のやつ、イチローと一緒に野球ができるなんて、本当にいいよなあ」と、うらやましく思いました。できることなら、自分が代わりたいぐらいです。

ヤンキースには、イチローだけではなく黒田博樹選手も在籍しています。日本のプロ野球からメジャーに移籍して活躍している選手がチーム内にいることは、将大にとってとても心強いはずです。名門チームですからプレッシャーが大きいとは思いますが、良いチームに入ったと思います。

将大はヤンキース入団時に、非常に印象深い言葉を語っていました。将大に密着取材をしていたNHKのある記者さんから聞いた話なのですが、将大はその記者さんに、「自分はまだメジャーで成功するイメージを持っていない」と語ったらしいのです。

メジャーをめざすくらいの選手であれば、「僕はメジャーで絶対に成功してみせます。成功するイメージしか持っていません」というふうに、まったく正反対のことを言うものではないでしょうか。イメージトレーニングの世界でも、一般にはポジティブなイメージを心の中に抱いたほうがいいとされています。それなのに、なぜ将大は「メジャーで成功するイメージを持っていない」と言ったのでしょうか。

それはおそらく、準備の段階ではポジティブ・イメージを持っても仕方がないからです。

メジャーリーグは、日本のプロ野球とは環境がまるで異なります。メジャーの場合、先発ピッチャーは中四日のローテーションが基本となりますし、同じアメリカ国内なのに西海岸と東海岸とでは時差があります。また球場ごとにグラウンドの状態や温度、湿度がまったく違います。マウンドは日本よりも硬く、使用するボールは日本と比べて縫い目が高く、表面が滑りやすくなっています。

ですから準備段階で必要なのは、ポジティブ・イメージではありません。「メジャーに行ったときに、何がリスク要因になるか」をしっかり洗い出して、対策を練っておくことです。一六六ページで話したように、悪い事態をシミュレーションしておくことが求められるのです。将大が「メジャーで成功するイメージを持っていない」と語ったのは、ちょうどその時期、メジャーに移籍するにあたって「悪い事態をシュミレーションしていた」ということだと思います。

リスク要因を洗い出し、対策を練り、練習やオープン戦などでその対策がうまくいくかどうかを試してみて、手応えを摑んだときに、ようやく人は初めて「これで何とかいけそうだ」という本物の自信を手に入れることができます。そして、シーズンが開幕したときに、「メジャーで成功するイメージ」を持って試合に臨むことができます。ポジティブ・イメージは、本番になったときに持つことができればいいのです。

二〇一四年、将大は前半戦だけで一二勝四敗という好成績を挙げました。新人投手としては上々のスタートでした。このすばらしい成績は、将大がメジャーでのデビューに備えて、さまざまな悪い事態を想定しながらしっかりと準備をしてきたからだと思います。

二〇一四年の前半戦のピッチングを見る限り、私は将大は本調子ではないと感じています。完璧なピッチングをした試合はほとんどありませんでした。おそらくメジャーで使用しているボールにまだ慣れていないのでしょう。そのためコントロールミスが多く、ホームランを打たれる場面がよくありました。

しかしそれでも一二勝四敗、防御率二・五一という成績を残すことができたのは、彼の修正力や気づく力が高いからであり、気持ちを切らさず粘り強いピッチングができるからです。だから悪いなりに相手打線を抑えることができたのです。

ですからもし将大が、メジャーのボールに慣れてきたら、どんなすごいピッチングをしてくれるのだろうかとワクワクしてしまいます。メジャー一年目よりも二年目、二年目よりも三年目というふうにどんどん進化していく将大の姿が、メジャーのマウンドで見られるはずです。

ただし気になるのはケガです。二〇一四年七月、右肘に違和感を訴えた将大は右肘じん帯部分断裂と診断され、長期離脱を余儀なくされました。どうか焦らずに治療とリハビリに専念して、万全の状態でまた私たちの前に姿を見せてほしいと願っています。

4章

チームと個人を強くする指導者の条件

4-1 優れた指導者であるために

◉人の心を掴み選手を育てる仰木監督

プロ野球でバッティングピッチャーをしていたとき、私は三球団・五人の監督の下で働いてきましたが、選手の心を掴むのがうまい監督といえば、何といってもオリックス時代の仰木彬監督でした。

仰木監督の指導のスタイルは、選手の自主性に任せるところは任せ、締めるところは締めるというものでした。

前任の土井正三監督から仰木監督に替わって、目に見える形で変化があったのが、それまであった門限がなくなったことでした。遠征先でホテルに宿泊した場合、普通は門限が設けられるものなのですが、仰木監督のときにはそれが撤廃されたのです。土井監督の時代には厳しく締めつけられていたので、選手たちは大喜びでした。

門限がなくなると、当然選手たちは夜遅くまで遊びに出かけます。といいますか、仰木監督自身がお酒が大好きで、夜中の二時、三時になってホテルに戻ってくるのが日常茶飯事でした。

一度、私も先輩に連れられて夜中まで飲んでホテルに戻ってきたときに、同じ時間に帰ってきた仰木監督とばったり出くわしたことがありました。

門限はないとはいえ、夜中まで遊んで帰ってきた姿を監督に見られるのは、やはりバツが悪いものです。しかし監督はイヤな顔一つせずに、「おお、いま戻ってきたのか。明日も頑張ってくれよ」と声をかけてくださいました。プロ野球の監督の中でも、なかなかいないタイプでした。

仰木監督がすごかったのは、前の晩どんなに遅くまで飲んでいたとしても、翌日になると誰よりも早くグラウンドに来てランニングをされていたことです。そうやって汗をかくことで、試合に集中できるコンディションを整えていたのです。

そんな仰木監督の姿を見ると、選手も言い訳ができなくなります。「飲んだり遊んだりするのは自由だけど、自己管理はしっかりとできる人間になれよ。プロの選手なんだから」というメッセージを、仰木監督は自ら身をもって示していたからです。

「選手の心を摑むのがうまい」という点では、こんなこともありました。

あるときオリックスで主力として活躍することを期待されていたある選手が、スランプで悩んでいました。その選手はいかにも「自分はいま、悩んでいるんだよ」という雰囲気を醸《かも》し出し、バッティング練習中も何度も首をかしげながら不機嫌な様子で練習に取り組んでいました。

こういう選手の姿を見ていると、ほかの選手もイヤな気分になるものです。職場でも不機嫌な表情で仕事をしている社員が一人いると、職場全体の雰囲気が悪くなると思いますが、それはプロ野球のチームもまったく同じです。

その選手の不機嫌そうな様子は、試合が始まっても変わりませんでした。ある打席で、その選手は内野ゴロに打ちとられました。そして一塁まで全力疾走することもなくアウトとなり、やはり首をかしげながらベンチに戻ってきました。

すると仰木監督は、その選手をベンチ裏に呼び出し、何と鉄拳《てっけん》制裁を食らわしたのです。「おまえのその態度は何だ！」ということなのでしょう。

普通はこういうことをすると、監督と選手との関係はこじれるものです。ところが翌日私がグラウンドに来ると、仰木監督がその選手を相手にバッティング練習を手伝っていたのです。

叱るべきときは激しく叱る。でも叱った後は、ほったらかしにしない。「俺はおまえのことを思っているんだぞ」という気持ちを行動で示すことで、ちゃんとフォローする。それが仰木監督の人心掌握術でした。

そんなこともあり、オリックス時代、仰木監督のことを悪く言う選手は、まったくといっていいほどいませんでした。

◉チームの状態によって、求められるリーダーシップも変わってくる

私がプロ野球の監督を見ていて難しいなと思うのは、どんなに名将といわれる監督でも、チームとの相性が悪いと充分な力を発揮できなくなることです。

阪神時代の野村克也監督がそうでした。野村監督はヤクルトの監督時代、九年間で四度のリーグ優勝と三度の日本一を成し遂げ、名将の評価を得ました。ところが三顧の礼をもって迎えられた阪神では、三年連続最下位の成績しか残せませんでした。

野村監督というと「ぼやき」が有名ですが、ヤクルトの選手の場合は成熟していましたから、野村監督のぼやきを「きっと監督はこういう意図で言っているんだな」「なるほど、たしかにその通りだな」と解釈できる力があったのだと思います。

ところが当時の阪神の場合、毎年下位に低迷する状態が続いていましたので、選手たちの心に余裕がありません。だから監督のぼやきを解釈することができず、まともに受け止めてしまっていたのではないでしょうか。

野村監督のぼやきは結構辛《しん》らつです。ヤクルトの選手のように大人の余裕を持って受け止められたり、楽天で野村監督の下でプレーした田中将大のように「なにくそ」と跳ね返せる選手であれば、その辛らつなぼやきは有効になります。

ところが当時の阪神の選手の場合、余裕も負けん気の強さもなかったので、ぼやきに対して、精神的に耐えられなくなってしまったようです。そのためにチームがうまく機能しなかったのではないかと思います。

そんな阪神のチーム状態にぴったり合っていたのが、「ぐじぐじ言ってないで、俺についてこい！」という熱血指導型の星野仙一監督でした。星野監督は選手やマスコミに対してぼやいたりせず、叱るときは思いっきり叱り、ほめるときは思いっきりほめるというタイプです。阪神の選手としてはついていきやすかったのだと思います。

そして星野監督は、広島から金本知憲《ともあき》選手のような高いプロ意識と熱い気持ちを持った選手を獲得するなどして、チームの意識改革を進めていったのです。

では星野監督の指導スタイルが、黄金期の西武のような大人のチームに合っていたかというと、それはまた別の話だと思います。

つまりチームの状態によって、合う監督、合わない監督がいると思うのです。

そこで大切になるのが、フロントと現場が一体化していることです。フロントが「あの監督は他球団で実績を残したから、うちでも監督をやっていただこう」という程度の意識で監督を選んでしまうと、チームは強くなりません。現場の声に耳を傾け、いまチームがどんな状態にあるかを知り、それに合った監督を探し出していくことが大切になるわけです。

そういう意味では、プロ野球の組織も企業と同じです。会社でも、あるプロジェクトのリーダーを選ぶときには、そのプロジェクトの性質やメンバーの顔ぶれを見て、ふさわしいリーダーを決めていくと思います。

チームリーダーを選ぶときには、会社でいえばトップマネジメント、球団でいえばフロントの「状況を把握する力」と「判断する力」が問われてくるのです。プロ野球の世界では、チームの成績が悪いとすべて監督に原因があると考えられがちですが、フロントの責任も大きいと思います。

◉優れた指導者は、変化に合わせて自分を進化させていく

一方で、監督もまたチームの状態によって、「自分が進化していくこと」を厭《いと》わないことが大切になってくると思います。

チームは生き物ですから、毎年のように状態は変化していきます。特に少年野球や高校野球の場合、選手は卒業していきますから、一年ごとにメンバーは大幅に入れ替わります。

今年は攻撃型のオーダーが組めたとしても、来年はピッチャーを中心とした守りのチームを作ることが求められるかもしれません。性格的にも、負けん気の強い選手が集まっている年もあれば、おとなしい選手が多い年もあります。

そんなときに「このチームは自分のスタイルに合わないから、うまく指導できない」というのでは、指導者失格です。

またライバルチームの監督は、自分のチームを強くするために日々さまざまな指導法を摸索しています。ライバルが進化している中で、自分は現状維持に甘んじていたら、それは後退を意味します。

私たちは一度成功を収めると、過去の成功体験に縛られがちです。「あのとき、このやり方でうまくいったのだから、今度もうまくいくはずだ」と思ってしまうのです。

けれども、そのやり方が通用したのは、たまたまそのときの状況に合致していたからです。現実には自分たちもどんどん変わっているし、環境も変化しています。状況が変われば、以前のやり方は通用しなくなります。「このやり方は、いまの状況には通用しない」と判断したら、現状に甘んじるのではなく進化を求めて変わっていくことが大切になるのです。

そうした中で変わることを常に恐れないのが、駒大苫小牧高校で監督を務められていた香田誉士史監督だったと思います。私はこの監督をとても尊敬しています。

二〇〇五年、駒大苫小牧高校が夏の甲子園で史上六校目となる二連覇を達成したときのことです。私はその年キャプテンを務めていた林君という選手に、「おめでとう」とねぎらいの言葉をかけました。すると林キャプテンはこう言いました。

「今年優勝できたのは、僕たちの力だけではないんです。監督が進化したから優勝できたんです」

林キャプテンは前年、チームが全国制覇を果たしたことで、監督はきっと自分たちの代についても、去年と同じ練習を続けていくのだろうと思っていました。ところが監督は、いまの自分たちに必要な練習を新たに考えて取り入れてくれたというのです。

駒大苫小牧高校が甲子園で初優勝を遂げた年、決勝戦で優勝を争ったのは愛媛県代表の済美《さいび》高校でした。駒大苫小牧高校は打撃戦で済美高校を下したのですが、香田監督は済美打線の力強さに目を見張ったそうです。

そこで香田監督は、済美高校の上甲正典《じょうこうまさのり》監督に連絡をとり、同校のグラウンドを訪ねました。どんな練習をしているのか見せてもらうことにしたのです。

済美高校では、重さ一キロの鉄製の細い棒をバット代わりにして、ゴルフボールを打つという練習をしていました。野球のボールよりも小さなゴルフボールを、細い棒で打つとなると集中力が要求されます。また重い鉄の棒を振ることで上半身が鍛えられます。

香田監督はさっそく北海道に戻って、チームにこの練習方法を取り入れました。そして打線をさらに強化して、二連覇を達成したのです。

それが林キャプテンの言う「監督の進化」でした。

変わることを恐れないというのは、優れた指導者であるための大切な条件の一つだと思います。

◉指導者がブレないと、選手にも迷いがなくなる

優れた指導者であるためのもう一つの大切な条件が、「ブレない」ことです。「変わることを恐れないことが大切」と言いながら「ブレないことも大切」と言うと、何だか矛盾しているように聞こえるかもしれませんが、実はそんなに矛盾したことではありません。

イチローが、私と出会った十九歳のころからブレない姿勢を貫きつつ、いまも進化を遂げているように、ブレない姿勢を持ちながら変化や進化をしていくことは充分に可能です。

私ももし誰かから「宝塚ボーイズを立ち上げたころと比べて、何か指導の仕方で変わったことはありますか？」と聞かれたら、「基本的な姿勢は何も変わ

っていません」と答えると思います。

本書で私が述べてきた「高い意識を持って野球に取り組む選手を育てたい」「自分の頭で考えてプレーできる選手を育てたい」「困難にめげずに自分の力でやり抜く選手を育てたい」といった思いは、チームを立ち上げたころとまったく変わっていないからです。

けれども方法論については、当然、変化なり進化なりをしています。一四三ページで私は、ミーティングのときに選手同士で相互評価をさせているという話をしましたが、こういう個別の手法については、以前と比べてどんどん進化してきていると思います。

指導者がブレない姿勢を保つことが大切なのは、指導者の発言がころころと変わると選手を惑わせることになるからです。

私でいえば、どんなに野球の技術があったとしても、野球に取り組む基本的な姿勢に問題がある選手は、試合では絶対に起用しないという方針を貫いています。

「道具を大切にする」「しっかりと挨拶をする」「仲間を大切にする」といったことができない選手を試合で起用するのは、本人のためにもならないし、周りの選手にも良い影響を与えないからです。

ところが、もし私が目先の勝利に追われて、普段の姿勢に問題のある選手を試合で起用してしまったらどうなるでしょうか。選手たちは「あれ？　監督がいつも言っていることと違うじゃないか」と戸惑います。選手は何を大切にすればいいのかがわからなくなります。そして当然、私に対する信頼も失われていきます。

だから指導者はブレてはいけないのです。

宝塚ボーイズの練習グラウンドにはホワイトボードが設置されていて、そのホワイトボードには「チームが大切にしていること」が書き込まれています。具体的には「小さなミスを許すからミスは拡大する」「厳しさが時に優しさになる」「先輩が築いた伝統を大切にし、チーム全員が同じ意識を持つ」といった言葉が書かれています。これは会社でいえば社訓のようなものです。

選手や監督、コーチ陣はグラウンドに入ると、まずこれを読んでから練習をスタートさせます。すると「厳しさが時に優しさになる」や「小さなミスを許すからミスは拡大する」といった言葉が頭に残っていますから、その言葉を常に意識しながら練習に取り組むようになっていきます。練習中の姿勢にブレがなくなるのです。

また、同じ思いをみんなで共有することもできるようになります。「厳しさが時に優しさになる」は、私が大切にしているブレない思いですが、それがチーム全体で大切にしているブレない思いになっていくわけです。

指導者がしっかりとしたブレない思いを持っていると、チーム全体がブレない思いを持って練習や試合に取り組めるようになるのです。

4-2 大人が力を合わせて、若い世代を育てていく

◉カル・リプケン世界少年野球大会に寄せる星野仙一さんの思い

これまでも話してきたように、私が監督を務めたカル・リプケン十二歳以下世界少年野球大会の日本代表チームは、星野仙一さんが資金面でのサポートをしてくださっていることで成り立っています。星野さんがいるから、日本代表チームは毎年大会に出場することができています。

星野さんが、なぜわざわざ少年野球のために私費を投じているかというと、「野球で自分がいろいろとお世話になったことに対して、野球で恩返しをしていきたい」という思いがあるからだと思います。

これは私が星野さんから伺ったことなのですが、星野さんが育った家庭は母子家庭で、子どものころはグローブも買えないほど生活に余裕がなかったそう

です。そのためいつも友達からグローブを借りて野球をしていました。

そんな星野さんにお母さんは、「お母さんが働いている工場の寮の草むしりをしなさい」と言います。言いつけ通りに星野さんは毎日草むしりをして、雑草をすべてむしり終えました。するとお母さんはきれいになった庭を見て、「よくやったね。これでグローブを買いなさい」と一〇〇〇円を渡してくれたのだそうです。

その一〇〇〇円を握りしめて、星野さんはスポーツ用品店に向かいます。まずは陳列棚から一〇〇〇円のグローブを手に取ってはめてみたのですが、ふと目をやると陳列棚のすぐ隣には一五〇〇円のグローブが置いてありました。やっぱり一五〇〇円のグローブのほうが良さそうです。

星野さんは「いいなあ、このグローブ」と思いながら、一五〇〇円のグローブを手にとって、眺めたり、はめたりしていたのですが、買えるものではありません。

ところが買えないはずのグローブを手にとって、なかなか離そうとしない星野さんの姿を見て、用品店の店主は、「お兄ちゃん、そのグローブだけど、そんなに欲しかったら一〇〇〇円で売ってやるよ」と言ってくれたのだそうです。

きらきらと目を輝かせながら、真新しいグローブに何度も触れている野球少年の姿を見て、つい店主は少年のことを応援したい気持ちになったのかもしれません。

星野さんの中には、「自分が大好きな野球に携わることができたのは、いろいろな人に支えられてきたからだ。だから今度は自分が、野球選手になることを志している子どもたちのために何かがしたいんだ」という気持ちがあるのだと思います。

いまの時代は、日本のプロ野球選手になることが最終目標ではなく、メジャーリーガーになることを目指す選手も増えてきました。ＷＢＣが開かれるなど、野球もどんどん国際化しつつあります。

そうした中で、イチローのような世界で通用する選手を育てるためには、若いときから世界レベルを肌で実感できる場を数多く踏ませることが大事だと、星野さんは考えているようです。

カル・リプケン世界少年野球大会にて

特にカル・リプケン十二歳以下世界少年野球大会の場合、子どもたちはアメリカの家庭にホームステイをさせてもらいながら試合に臨むことになります。日本とはまったく違う異文化を体験する貴重な機会にもなります。

私は本当はプロ野球経験者の中に、星野さんのような方がもっと増えてくれればいいなと思います。誰だってプロ野球選手になれたのは、自分一人の力だけではありません。周りの人に支えられた結果です。それなら今度はご自分が、その方のできる範囲内で、プロ野球を目指している若い選手や子どもたちを支える立場に回ってくださればと思うのです。

若い選手や子どもが育っていくには、大人たちのサポートが不可欠になりますし、それなくしてはこれからの野球界の発展もあり得ません。

若い選手や子どもを支える形は、いろいろあると思います。星野さんのように日本代表チームをサポートするということもあれば、野球人口の裾野《すその》を広げていくために地域の少年野球をバックアップしていくという活動も重要です。

また最近は社会人野球の企業チームが激減しているため、高校や大学を出た後に行き場を失っている選手が増えています。そうした中で、「NOMOベースボールクラブ」を設立した野茂英雄さんのように、若い選手が野球を続けていくための場を提供していく活動も貴重だと思います。

◉子どもが育つ理想的な環境作りは周囲の連携

私たちはよく「最近の若者は非常識だ」とか「いまどきの子どもはしつけがなっていない」といったことを口にします。けれども、そういう若者や子どもに育てたのは、当の大人自身です。大人の責任が大きいと思います。

私が少年野球の指導者を続けてきて感じるのは、大人が力を合わせて若者や子どもを育てるという意識が希薄だということです。


宝塚ボーイズでは毎年新年度になると、選手が在籍している中学校の担任の先生に手紙を出しています。

選手は学校での生活に乱れが生じると、野球に取り組む姿勢にも変化が生じます。ところが宝塚ボーイズのようなクラブチームの場合、選手の普段の学校での生活ぶりがわからないため、「この子は最近ちょっと様子が違うぞ」と気づくのがどうしても遅くなりがちです。

もし早いうちに気づくことができれば、学校とチームが協力しながら、その子を立ち直らせていくことも可能です。

そこで私は選手の担任の先生に、「○○君の学校での生活はどうですか。もし何か問題を抱えているようでしたら、私たちとしても一緒に問題の解決に取り組みたいと思っております。些細《ささい》なことでも構いませんのでご連絡ください」という文面の手紙を送っているのです。

しかし先生方の反応は、正直いま一つです。「お手紙ありがとうございます。何かあったら連絡しますね」という返事をくださる先生は、全体の二割にも達しません。

とはいえ数は少ないのですが、私たちの思いに応えてくれる先生もいらっしゃいます。

ある定年間近の先生からは、「これまでも受け持った生徒の中にクラブチームで野球をしていた子どもはいましたが、監督さんからこういう手紙をいただいたのは初めてです。大変感動いたしました」という返事をいただきました。

そして先生は毎週一回、選手の学校での様子を電話で私に報告してくださるようになったのです。

その選手は、ちょっとやんちゃなタイプでした。けれども先生や私たちから見守られていることもあって、大きな問題行動を起こすようなことはありませんでした。

私もよくその選手に、

「おまえは本当にいい先生に担任を受け持ってもらったよな。先生はおまえのことをすごく気にかけていて、毎週一回は連絡をくださるんだぞ。おまえは幸せだな」

という話をしていたものです。

私は、子どもが育っていくための一番理想的な環境は、「保護者」と「学校の先生」と、私たちのような「クラブの指導者」の三者が、しっかりと連携をとりながら子どもを見守っていくことだと思います。

それが難しいなら、三者のうち二者だけでも連携をとることができれば、状況はずいぶん変わっていくと思います。たとえば家庭ではいろいろと問題を抱えてつらい思いをしている子どもでも、学校とクラブが居場所になれば、その子にとって大きな救いになります。

そのためには、その子どもを見守る立場にいる大人同士が連携をとることが大切なのですが、なかなかうまくいかないなと感じます。

◉志を同じにするチームとのつながりを広げていきたい

同じように「なかなかうまくいかないな」と感じるのが、少年野球チームの連携です。

少年野球のチーム同士は、お互いにライバルではあるのですが、「次代を担う少年を育てている」という意味では仲間でもあります。

選手育成についての考え方や、効果的な練習方法などで優れている部分があれば、相手チームからもどんどん吸収していきたいとは思うのですが、どのチームもバラバラに指導や練習をしている傾向が強くて、思うようにネットワークが広がっていかないという歯がゆさを感じているのです。

もしかしたら少年野球チームの場合、お互いに競い合いながら伸びていく「仲間」というよりは、「敵」という意識のほうが強いのかもしれません。

その点、高校野球の場合は、指導者同士の交流がかなり盛んです。

駒大苫小牧高校の香田誉士史監督が、甲子園で決勝を戦った済美高校の上甲正典監督に連絡をとり、練習を見学させてもらったというエピソードは二四七ページで話した通りです。上甲監督も、自分たちが編み出した練習方法を惜しみなくライバルチームの監督に提供しました。

こうしたことが普通にできるのは、「お互いにライバルだけれども、高校野球のレベルを一緒に高めていこう」という意識が、監督同士の間であるからだと思います。

私は、そういうチーム同士、監督同士のつながりを、少年野球の中にも作っていきたいと思うのです。もちろん技術面についての情報交換だけではなくて、選手が一つにまとまるためのチーム運営の方法や、選手の心を育てる指導のあり方などについても、お互いに良い実践を共有していきたいと思います。

前述しましたが、宝塚ボーイズが全国各地の少年野球のチームと積極的な交流を重ねようとしているのもそのためです。

二〇一〇年の夏休みにもこんなことがありました。宝塚ボーイズの選手が長野県の小学生のために野球教室を行なうというイベントがあって、私は二十人の選手と一緒に長野を訪れました。すると「宝塚ボーイズとぜひ一緒に練習をしたい」という富山ボーイズの監督と選手が、わざわざバスで四時間もかけて長野まで来てくださったのです。

富山ボーイズの監督も私と同じように、選手に対して「高い意識を持ち、自分で考えながら練習やプレーができるようになってほしい」という思いを持っておられます。二つのチームは、全国大会に出場すれば対戦する機会もあるライバルではあるのですが、でも志を同じにする仲間でもあるわけです。

そこでお互いに良いところを学び合いたいということになり、合同練習と練習試合をすることになったのです。

五年間にわたって代表監督として出場したカル・リプケン十二歳以下世界少年野球大会は、私にとっていろいろな思い出を残してくれましたが、その中でも忘れられない、ある印象深い光景があります。

ある年の大会期間中、私はアメリカ・オレゴン州代表チームの監督と親しくなったのですが、夜にその監督と一緒に飲んでいたときに、「明日はカナダと練習試合をするから、ぜひ球場に観に来てよ」と言われました。

そこで私は翌日、球場に足を運びました。一塁側にはカナダ、三塁側にはアメリカのチームが陣取っています。

ところが一塁側のスタンドには、カナダの代表選手になった自分の子どもを応援するお父さんやお母さんの姿が見あたりませんでした。カナダの代表選手のお父さんやお母さんは、三塁側に移動して、アメリカ・オレゴン州代表チームの選手のお父さんやお母さんと一緒になって、選手を応援していたのです。

そして相手チームの選手が好プレーをしたら「ナイスプレー！」と拍手をし、自分のチームの選手がヒットで出塁したら「グッジョブ！」と声援を送っていました。

たとえ練習試合だったとしても、日本では考えられないことです。敵も味方もありません。子どもの成長を願い、みんなで子どもを応援するという姿がそこにはありました。

いまの日本に欠けているのは、こういう風景ではないかと私は思います。大人が力を合わせて、若い世代を育てていくという意識が、少し不足しているのではないでしょうか。

——イチローのように自分の頭で考えることができ、高い目的意識を持って、物事をやり抜く力を備えた選手を育てたい。イチローのようなプレーをすることは無理でも、イチローのような意識で毎日を生きていくことは可能なのだから——。

私は本書で、繰り返しそう述べてきました。

自分のチームでもそういう選手を育てたいし、多くのチームにそういう選手を育ててほしいと考えています。

そのためには我々大人がお互いに協力しながら、どこまで本気になって若い世代と向き合っていけるかがカギを握っているのだと思います。

あとがき

イチローと出会ったのは、私が二十歳、イチローは十九歳のときでした。イチローとの日々は、時間に換算すれば短い期間だとしても、私にとってはその後の人生に間違いなく大きな影響をもたらした貴重な経験となりました。イチローは、選手ではなかった私に、いつも本音で接してくれました。私はイチローの言葉や態度、行動からたくさんのことを感じ、また学びました。

いままでは、イチローは日本の誇りだと思っています。そういうイチローから学んだことを、今度は子どもたちや若い人たち、そしてビジネスマンにも伝えていきたいという気持ちを強く持っています。イチローがなぜ世界を舞台に長年活躍し続けることができているのかについて、その理由を多くの方に知っていただくことで、自分の生き方やあり方を考えるときのヒントにしてほしいのです。

イチローと関わり、イチローに影響を受けたこと、また、オリックスを辞めてからお世話になった方々から学んだことをみなさんに伝えるのが、いま私にできることだと思っています。

本書は二〇一一年一月にPHP研究所から単行本として出版した書籍を、このたび文庫化したものです。二〇一一年一月と現在（二〇一四年九月）とでは、イチローや田中将大、そして私自身の状況もずいぶんと変わりました。

イチローはシアトル・マリナーズからニューヨーク・ヤンキースに移籍し、当時は東北楽天ゴールデンイーグルスの選手だった田中将大も、やはりいまではヤンキースの一員になっています。また私自身は、カル・リプケン世界少年野球大会の日本代表チームの監督として、三連覇を成し遂げることができました。そこで今回の文庫では、イチローや将大、私に関するその後の新しい話題について加筆をしています。

また本書では、私自身の高校時代やバッティングピッチャー時代、少年野球の監督になってからのエピソードもふんだんに盛り込ませていただきました。

こうしたエピソードを綴ることは、自分の半生を振り返る良いきっかけになったと同時に、「自分は本当にいろいろな方に支えられながら、ここまでやってこられた」ということを改めて実感しました。子どもたちだけでなく、私自身も育てていただいていると感じています。

最後に、私のこれからの目標についてちょっとだけお話をさせてください。本書の中で私は、「私のこれからの目標は、宝塚ボーイズの取り組みを、自分のチームだけで終わらせずに全国に広げていくこと」だと話しましたが、実は最近さらに大きな目標が見えてきました。

それはプロ野球の二軍監督になることです。少年野球の世界で実績を残すことで、「奥村は若い選手を育成するのがうまい。あいつに二軍の選手を任せてみよう」とプロ野球関係者に思っていただけるところまで、何とか頑張りたいと考えているのです。

二軍の選手のほとんどは、その後も一軍に定着することができないままユニフォームを脱ぐことになります。けれども私がバッティングピッチャーを務めながら二軍の選手たちを見ていて思ったのは、「ほんのちょっと意識を変えれば、一軍で通用する選手がたくさんいるのに」ということでした。

本書の中でも紹介した元西武ライオンズの高木浩之さんのように、持って生まれた才能という点では一流選手に劣るとしても、しっかりと自分の特徴や強みを分析して、自分が生きる道を探ることができれば、一軍で活躍することは十分に可能です。そんなふうに高い意識を持って、自分の力で考え、工夫し、行動できる選手を育ててみたいと思うのです。

またそうした選手であれば、プロ野球の世界で成功することができなかったとしても、一般社会に出たときに、きっと周りから信頼され必要とされる人になれるはずです。

実は私の目標はこれで終わりではありません。プロ野球の二軍監督としてある程度の経験を積んだら、再び少年野球の監督に戻りたいと思っています。

私がプロ野球の監督として考えたことや学んだことを、今度は少年たちや、少年野球の指導者の方たちに伝えていきたいのです。

少年野球界のレベルアップや、選手や指導者の方々の意識の向上に少しでも貢献したい。これが私の大きな目標です。

二〇〇八年に設立したＮＰＯ法人ベースボールスピリッツの活動に協賛してくださる企業の方々、多くのプロ野球関係者や少年野球、高校野球の指導者の方々、宝塚ボーイズを支えてくださったＯＢの選手や現役選手、お父さん、お母さん、そのほかたくさんの方々に大変感謝しています。

そして最後まで本書を読んでいただいた読者の方にも感謝いたします。本当にありがとうございました。

二〇一四年九月

ＮＰＯ法人ベースボールスピリッツ理事長
宝塚ボーイズ監督　奥村幸治

著者紹介
奥村幸治（おくむら　こうじ）
1972年、兵庫県尼崎市生まれ。93年、オリックス・ブルーウェーブ（現オリックス・バファローズ）に打撃投手として入団。94年、イチロー選手の専属打撃投手となり、日本プロ野球最多210安打達成に貢献。「イチローの恋人」としてマスコミで紹介され、話題に。95年に阪神タイガース、96年に西武ライオンズで打撃投手の後、自らユニフォームを脱ぎ、米国でメジャーリーグの野球を勉強。パーソナルトレーナーとしてプロ選手らを指導した。99年に中学硬式野球チーム「宝塚ボーイズ」を結成し、強豪チームに育て上げる。東北楽天ゴールデンイーグルスの田中将大選手は教え子。現在は同チームを応援するＮＰＯ法人ベースボールスピリッツ理事長も務める。
また2009～13年の間、カル・リプケン12歳以下世界少年野球大会の日本代表チーム監督を務め、11～13年に三連覇を達成。
著書に、『一流の習慣術』『超一流の勝負力』（以上、ソフトバンク新書）がある。

本書は、2011年１月にＰＨＰ研究所より刊行された作品を加筆・修正したものである。

PHP文庫　イチローの哲学
一流選手は何を考え、何をしてきたのか

2014年11月19日　第1版第1刷
2019年6月19日　第1版第3刷

著者　奥村幸治
発行者　後藤淳一
発行所　株式会社PHP研究所
東京本部　〒135-8137　江東区豊洲5-6-52
第四制作部文庫課　☎03-3520-9617（編集）
普及部　☎03-3520-9630（販売）
京都本部　〒601-8411　京都市南区西九条北ノ内町11
PHP INTERFACE　https://www.php.co.jp/
組版　株式会社PHPエディターズ・グループ
印刷所
製本所　図書印刷株式会社

ISBN978-4-569-76249-4

PHP文庫好評既刊

カズ語録

不屈の魂が身につく218の言葉

三浦知良 選

「今の自分が最高だよ。後悔もしない」「体調をベストに持っていくのも戦い」など、26年間全力でボールを蹴り続ける男の言葉を紹介！

定価 本体五三三円（税別）